本书系河北省 2016 年社会科学基
"城乡统筹发展视域下学前教育资源配置
优化对策研究"（项目编号 HB16JY007）研究成果

河北省 C 市
城乡统筹发展视域下的学前教育
资源配置现状与对策研究

苟增强　刘梅　张海英　著

吉林大学出版社

·长春·

图书在版编目（CIP）数据

河北省C市城乡统筹发展视域下的学前教育资源配置现状与对策研究 / 苟增强，刘梅，张海英著.— 长春：吉林大学出版社，2021.5
ISBN 978-7-5692-8296-2

Ⅰ.①河… Ⅱ.①苟… ②刘… ③张… Ⅲ.①学前教育－教育资源－资源配置－研究－河北 Ⅳ.
① G619.282.2

中国版本图书馆 CIP 数据核字 (2021) 第 087604 号

书　　名：河北省C市城乡统筹发展视域下的学前教育资源配置现状与对策研究
HEBEI SHENG C SHI CHENG-XIANG TONGCHOU FAZHAN SHIYU XIA DE
XUEQIAN JIAOYU ZIYUAN PEIZHI XIANZHUANG YU DUICE YANJIU

作　　者：苟增强　刘　梅　张海英　著
策划编辑：邵宇彤
责任编辑：宋睿文
责任校对：柳　燕
装帧设计：优盛文化
出版发行：吉林大学出版社
社　　址：长春市人民大街4059号
邮政编码：130021
发行电话：0431-89580028/29/21
网　　址：http://www.jlup.com.cn
电子邮箱：jdcbs@jlu.edu.cn
印　　刷：定州启航印刷有限公司
成品尺寸：170mm×240mm　　16 开
印　　张：9.75
字　　数：160 千字
版　　次：2021 年 5 月第 1 版
印　　次：2021 年 5 月第 1 次
书　　号：ISBN 978-7-5692-8296-2
定　　价：49.00 元

P 前 言
reface

　　学前教育是国民教育体系的重要组成部分，在终身教育中起着奠基性作用，对每个人一生的发展有着重要意义。近些年来，国家对学前教育事业越来越重视，《国家中长期教育改革和发展规划纲要（2010—2020年）》明确提出，教育公平是社会公平的重要基础，要把促进公平作为国家基本教育政策。学前教育公平是教育公平的起点和基础，学前教育公平的根本措施在于合理配置学前教育资源。学前教育资源配置主要是指根据教育资源需求的变化，结合现有教育资源的分配情况，从人力、物力和财力三个方面补充或调配所需的教育资源。学前教育资源配置对推进学前教育公平至关重要，但是长期以来我国学前教育资源配置存在资源数量不足、分布不均和质量堪忧的问题。2017年1月10日国务院印发《国家教育事业发展"十三五"规划》（国发〔2017〕4号）中就明确提出了"加快发展学前教育"的要求。河北省贯彻落实文件精神，出台并实施了《河北省第三期学前教育行动计划（2017—2020年）》，通过发展公办幼儿园、建设农村幼儿园、加强城镇居住小区配套幼儿园建设、积极鼓励社会力量举办幼儿园等手段扩大学前教育资源。2017年全省学前三年教育毛入园率达到82.98%，"入公办园难、入民办园贵"的问题得到有效缓解，学前教育取得较快发展。但由于基础差、底子薄，我省城乡学前教育的一体化发展仍然存在着诸多问题亟待解决，城乡差异失衡主要表现在幼儿园教育经费投入、教师资源配备、办学基础设施、幼儿入园机会等几个方面。

　　我国长期以来形成的城乡二元结构社会，造成我国基础教育城乡差距继续拉大，不同地区经济和文化发展的不均衡性也加大了不同区域的教育差距。尤其是2016年开始实施的"全面二孩"政策，对基础教育资源的需求提出新的挑战。河北省作为拥有7500多万人口的大省，也是教育资源短缺的大省，其中农村人口3383万，城市、农村人口比例基本接近1∶1，因此学前教育城乡均衡发展成为现阶段教育制度建设中的核心问题。实现城乡学前教育均衡发展，不仅是一个教育发展问题，更是一个社会建设问题，它关系着整个社会的和谐与稳定。学前教育资源的合理配置，是提高学前教育效率，促进城乡学前教育均衡发展的重要途径，也必将成为学前教育领域理论研究和政策研究的重点。

针对河北省的人口变化类型和趋势，提前制定合理的区域政策，尤其是省域内基础教育资源的合理配置和均衡发展，构建覆盖城乡的基本公共教育服务体系，缩小本地区城乡差距，促进教育公平，是当前我省发展学前教育事业的首要任务。本研究在对河北省 C 市两个区、四个县（市）城乡学前教育资源配置状况全面调查分析的基础上，探索新形势下城乡学前教育一体化发展和优化资源配置的路径与对策，以期为河北省学前教育健康统筹发展提供政策参考。

本研究共分为七个部分，第一章绪论，主要介绍了在教育公平、教育资源配置公平和学前教育困境背景下，实现城乡统筹发展学前教育的战略目的和深远意义，以及研究思路、具体研究内容和方法。第二章核心概念与理论基础，重点介绍了教育公平、教育资源、学前教育资源、教育资源配置和城乡学前教育几个核心概念的界定，并提出公平与效率共同发展是本研究中学前教育资源配置城乡均衡发展的理论基础。第三章文献探讨，分别梳理国内外关于学前教育资源配置的研究文献，并对前人研究展开述评。第四章城乡学前教育资源配置现状调查与分析，主要从城乡学前教育财力资源配置、人力资源配置、物力资源配置三个方面展开调查，获得基本数据，并进行了统计分析。第五章城乡学前教育资源配置失衡的原因分析，从政府管理职能、市场调节机制、教师保障体制、财政经费投入及城乡文化差异等方面进行原因分析，确定制约学前教育城乡统筹发展的根本原因。第六章促进城乡学前教育资源均衡配置的对策与建议，分别从理念认知、政府职能、经费保障、经费投入、师资保障和监管机制等角度提出了学前教育城乡均衡发展的根本保证。第七章结语，汇总研究结论，提出本研究的局限、不足以及学前教育领域的研究展望。

本研究主要成员有苟增强、邢莉莉、刘梅（根据项目研究任务增补的人员）、张海英、韩宏莉、何兰芝。研究过程中每位成员恪尽职守、认真负责，充分体现出了对研究工作的严谨态度和敬业精神。苟增强负责项目的起草，方案的制定、统筹，邢莉莉、刘梅负责文献搜集和材料归档，何兰芝负责调查问卷的编制整理，韩宏莉负责外联调研和访谈，张海英负责数据统计，苟增强、刘梅、张海英负责研究报告的撰写，最后由苟增强统稿。该成果是项目组全体成员集体智慧的结晶，正是由于他们提供了丰富的一手资料，这本著作才得以付梓。本成果在撰写过程中，参阅和采用了大量的国内外专家学者的学术观点和研究资料，其中有些资料未能一一注明，在此一并对以上几位同仁和各位专家学者表示衷心的感谢！

我们期待这本著作能够为学前教育领域的研究带来新的思路和生机，能够为区域学前教育城乡统筹发展贡献一点绵薄之力。但由于个人研究水平有限，加之时间较为仓促，错误之处在所难免，恳请各位专家、读者不吝赐教，多给予批评指正。

作　者
2021 年 2 月

C目 录
ontents

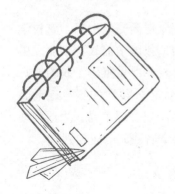

第一章 绪论

第一节 研究背景

儿童是祖国的未来和希望，我国早有"教儿婴孩""早谕教"等观点，均是强调在儿童心中无所知、无所疑的时候就应该开始教育，也就是强调学前教育阶段的重要性。而今人类文明高速发展，学前教育已经作为正规学校教育的开端，成为终身教育的重要组成部分，越来越受到国家和社会的认可和重视，但是对比义务教育的其他阶段，学前教育得到的资金投入严重不足，也没有明确规定财政每年的拨款比例，学前教育成为我国整个教育体系中最薄弱的环节。而且，由于我国长期的城乡二元制结构，我国农村学前教育长期面临着被边缘化的弱势地位，从而面临着诸多困难和挑战，当前很多对城乡学前教育问题的认识和研究，以及解决问题的方向和具体的方式也都是基于这一逻辑背景的，但这又是悖于教育公平原则的。

2017年党的十九大报告中进一步提出，"建设教育强国是中华民族伟大复兴的基础工程，必须把教育事业放在优先位置，加快教育现代化，办好人民满意的教育。要全面贯彻党的教育方针，落实立德树人根本任务，发展素质教育，推进教育公平，培养德智体美全面发展的社会主义建设者和接班人。推动城乡义务教育一体化发展，高度重视农村义务教育，办好学前教育、特殊教育和网络教育，普及高中阶段教育，努力让每个孩子都能享有公平而有质量的教育"。近年来，随着我国社会文化的巨大变革与转型，区

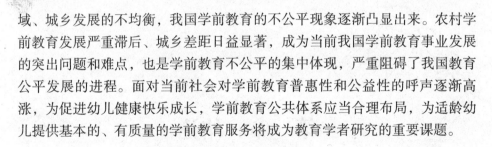

域、城乡发展的不均衡，我国学前教育的不公平现象逐渐凸显出来。农村学前教育发展严重滞后、城乡差距日益显著，成为当前我国学前教育事业发展的突出问题和难点，也是学前教育不公平的集中体现，严重阻碍了我国教育公平发展的进程。面对当前社会对学前教育普惠性和公益性的呼声逐渐高涨，为促进幼儿健康快乐成长，学前教育公共体系应当合理布局，为适龄幼儿提供基本的、有质量的学前教育服务将成为教育学者研究的重要课题。

一、教育公平是发展学前教育的题中之义

教育公平是教育事业的基本价值诉求，已经成为世界各国政府和民众所关心的重要问题，也是世界各国教育发展共同追求的目标。目前，教育公平问题已成为教育改革过程中的"热点"和"难点"，并且引起了社会各界的高度关注。20 世纪 90 年代以来，我国学术界也开始关注教育公平问题。教育公平包括教育起点公平、教育过程公平和教育结果公平，而学前教育公平是教育起点公平的最好体现，理论上学前教育公平应该在资源配置上体现区域之间、城乡之间、体制之间的平等。它的实质是要求办学条件、办学水平、办学质量和办学效益等各方面在地区之间及学校之间的差距逐步缩小，进而实现教育的均衡发展，以最大限度满足人民群众对优质教育的迫切需要。

1981 年，联合国教科文组织（United Nations Educational, Scientific and Cultural Organization）在法国巴黎召开了国际学前教育协商会议，并提出了"学前教育是能够激起出生至进小学的儿童的学习愿望，给他们学习体验，且有助于他们整体发展的活动总和"。1996 年，联合国教科文组织在《教育——财富蕴藏其中》的报告中指出，接受过学前教育的儿童更能顺利入学，还会减少过早辍学的可能性，缺失学前教育或者学前教育不足可能严重影响其终身教育的顺利进行。所以，学前教育公平是教育公平的核心和关键，政府应该为每个学前儿童提供平等受教育的机会，让其公平地享用教育资源，维护每个学前儿童自我发展的权利。2010 年，国务院印发了《国家中长期教育改革和发展规划纲要（2010—2020）》（以下简称《纲要》），以政策的形式确立了教育公平的原则，凸显教育公平在我国当前教育发展过程中的价值导向作用，为我国学前教育事业的发展带来新的契机。《纲要》针对学前教育的"短板"对其普及目标、办园体制形式以及农村发展现状做了

新的规定。① 同年11月，国务院印发《国务院关于当前发展学前教育的若干意见》，国家和地方政府加大了对学前教育关心重视的程度、政策出台的密度、财政投入的力度，随后各省跟进了第一轮和第二轮"三年行动计划"。它们在提升学前教育地位的同时，明确了学前教育的性质——"国民教育体系的重要组成部分"和"重要的社会公益事业"，分析了学前教育面对的问题——"教育资源短缺""城乡区域发展不平衡"以及"一些地方'入园难'问题突出"，指明了学前教育发展的目标——"坚持公益性和普惠性，努力构建覆盖城乡、布局合理的学前教育公共服务体系"。无论是现实生活中学前教育发展的诸多阻碍，还是理想状态中学前教育发展的各种目标，都与学前教育公平密不可分。2015年，李克强在《政府工作报告》中明确提出，促进教育公平发展和质量提升。②

二、教育资源配置公平是实现学前教育公平的基础

教育活动的开展，依赖教育资源的配给。从学前教育最终服务对象的角度出发，学前教育公平可依据学前教育活动的阶段来诠释，包括学前教育起点公平、学前教育过程公平和学前教育结果公平。学前教育的每一阶段都需要学前教育资源的投入，学前教育资源投入的程度会影响学前教育的公平状态。起点公平，是指每个幼儿拥有同样的权利和机会获得学前教育服务；过程公平，是指每个幼儿获得的学前教育服务同量同质；结果公平，是指每个幼儿享受学前教育服务之后获得同样的进步和发展。学前教育资源的数量和质量关乎每一阶段学前教育公平的实现。教育资源配置公平，是指教育系统内部各组成部分都能相对平等地占有财力、人力和物力等教育资源。学前教育资源配置公平是学前教育公平的首要条件，是学前教育公平的实质性表现形式，也是实现真正学前教育公平的物质保障。

---

① 国家中长期教育改革和发展规划纲要工作小组办公室.国家中长期教育改革和发展规划纲要（2010—2020）[EB/OL].（2010-07-27）[2021-01-21].http://www.moe.gov.cn/srcsite/A01/s7048/201007/t20100729_171904.html.

② 新华社.政府工作报告（全文）[EB/OL].（2015-03-16）[2021-01-21].http://www.gov.cn/guowuyuan/2015-03/16/content_2835101.htm.

三、厘清区域学前教育困境是实现学前教育公平的当务之急

区域间学前教育水平的差异是当前我国学前教育不公平的主要表现。普遍认为，学前教育的发展水平与区域的经济社会发展水平存在一定的相关性，经济发展落后的中西部地区学前教育水平偏低，而经济发达的东部地区学前教育水平较高。因此，国家在学前教育领域的宏观调控中，将中西部，尤其是既有边疆地域特征，又有少数民族聚居地域特征的西部地区作为中央重点关注和扶持的对象，东部地区学前教育的发展主要交付于各地方政府。但是，区域的经济发展水平或中央的项目支持只是各区域学前教育发展的必要条件，并不是充分条件。区域也有宏观和微观之别，宏观区域的学前教育公平是微观区域学前教育公平的基础，但未必能确保后者真正的实现。影响各类、各级区域间学前教育均衡发展的因素有很多，只有厘清不同区域学前教育发展的真实困境，才能制定出有效促进学前教育公平的政策，保障学前教育公平的实现。

河北省 C 市作为国务院确定的经济开放区、沿海开放城市之一，对学前教育的投入存在着同样的困境。虽然这几年 C 市财政拨款的绝对值在增加，但相对值很低，城乡差距较大，这就导致了 C 市学前教育资源在教师资源配置和幼儿园园舍建设等多个不同的方面都体现出了较大的差异，呈现出明显的学前教育资源城乡配置以及发展不均衡的特点。例如，在一些农村地区，存在幼儿园园舍建设不达标、幼儿专任教师短缺、幼儿园教师学历低、幼儿园教师无职称、教育理念落后、教学设备落后、小学化倾向严重等问题，家庭托管式幼儿园也随处可见。特别是普惠性教育资源严重不足成为当前学前教育事业发展的主要矛盾。这些都是学前教育发展的"瓶颈"。

第二节　研究目的和意义

一、研究目的

学前教育是终身学习的开端，提高学前教育的教育质量能帮助亿万儿童健康成长；办好学前教育，就是给千家万户带来切身利益；学前教育发展的

好坏，关系国家和民族的未来。

学前教育问题涉及广大人民群众对教育的满意程度，关系受教育儿童以后的能力和素养，以及国家和民族未来的凝聚力和竞争力。大量的教育理论和实践表明，幼儿时期是人一生发展最关键的时期，它影响着一个人人生观、价值观和性格的形成，以及品德的培养。可见，保证幼儿的教育质量和教育环境对个人甚至社会的发展有深远的影响，这不仅对提升全民人口素质具有重要的作用，更是与促进社会主义精神文明建设息息相关。在规划新型城镇化建设的过程中，我们要把发展农村学前教育、缩小城乡差距放在首位。让发达地区和落后地区、城乡之间的同龄儿童接受相对平等的教育，对缩小城乡教育差距、全面提高国民素质具有重要的意义。

本研究以公平与效率理论为基础，从教育均衡的视角，对河北省 C 市学前教育资源配置进行研究。首先，从"财力资源配置""物力资源配置"和"人力资源配置"三个方面阐述了该地区学前教育资源配置的现状和结果；其次，分析了这三个方面所存在问题的影响因素；最后，提出了有针对性地解决问题的决策或意见，旨在为 C 市学前教育的城乡统筹均衡发展提供参考。

二、研究意义

（一）理论意义

教育公平问题一直是我国教育理论领域的研究热点，也是现在社会各界关注的焦点。从教育经济学角度看，教育公平是教育资源配置的公平，实现学前教育公平的关键就是实现学前教育资源配置的公平。目前，大多数教育公平的研究多集中在义务教育和高等教育的公平问题上，而从城乡统筹视角对学前教育公平的研究并不多，现有的研究大多只选取某一个学前教育资源指标进行剖析，缺乏对学前教育资源配置状态的系统性呈现。本研究在城乡统筹发展视角下对河北省 C 市学前教育资源配置进行了较为深入全面的研究，选取了 C 市两个区、四个县（市）进行分析，总结城乡之间学前教育资源配置的差异，有助于丰富区域学前教育资源配置理论，扩展区域学前教育的研究角度。本研究提出具有针对性的建议，在一定程度上对均衡学前教育资源配置有一定的促进作用，能够对今后学前教育的相关研究提供一些具有参考价值的文献。

（二）实践意义

随着我国经济的迅猛发展，人们的生活水平不断提高，对教育资源的需求不断加大。国家和政府致力于城乡均衡发展的学前教育，为学前教育的发展制定了相关的政策和制度。近年来，河北省也不断加大对学前教育的财政投入，积极制定财政政策，以期解决学前教育的发展问题。但是，由于种种原因，从教育资源配置情况来看，河北省各区域间、城乡间存在着极大的差距。本研究对河北省 C 市城乡学前教育资源配置的实证调查结果和理论分析结论，可为解决我国学前教育城乡资源配置不均衡的问题提供参考。目前，在城乡一体化发展的背景下，政府面临的迫切任务是承担起发展学前教育的主导责任，抓住城乡一体化发展的建设契机，突破原有二元体制与格局，积极探索体制机制的改革与创新，构建城乡一体、普适均衡的学前教育公共服务体制。

第三节　研究内容与研究思路

一、研究内容

笔者通过对 C 市不同县（市、区）城乡学前教育资源配置情况进行实地调查并收集数据和资料，深入剖析了影响城乡学前教育资源配置均衡的经济、文化、政策等方面原因，并提出了相关建议，因此本研究主要围绕以下几个方面展开讨论。

第一，在理论层面分析如何实现城乡统筹视角下学前教育资源配置的教育公平？学前教育资源配置的城乡统筹可以依托的理论有哪些？

第二，C 市城乡学前教育资源配置在财力、物力和人力资源配置上是否存在差异？如果存在差异，那么这些差异具体表现在哪些方面？导致城乡学前教育资源配置不均衡的原因主要有哪些？

第三，城乡统筹视域下 C 市怎样才能实现学前教育资源均衡配置？城乡学前教育资源能够实现均衡配置吗？

二、研究假设

笔者基于对 C 市城乡学前教育发展现状的实地调研情况，结合自身思考，现做如下假设。

（1）河北省 C 市学前教育财力资源城乡之间存在显著差异。虽然政府财政拨款逐年增加，但城乡差异依然显著，城区学前教育生均经费指数、生均财政性预算经费以及财政预算内学前教育经费占学前教育总经费的比例显著高于农村学前教育。

（2）河北省 C 市学前教育人力资源城乡之间存在显著差异。受福利待遇、晋升空间、培训质量、工作环境等方面的影响，在师幼比、教师学历、师资职称、年龄结构、参加培训情况这五个指标上，城区学前教育显著优于农村学前教育。

（3）河北省 C 市学前教育物力资源城乡之间存在显著差异。"三年行动计划"城乡学前教育物力资源配置中生均园舍面积虽然得到很大改善，但其他物力资源配置城乡差异仍然明显。城乡学前教育在园所数量、园舍建筑面积、生均室外活动场地面积、教室占地面积、寝室占地面积、生均图书量、班级区角数量、班级操作材料投放几项指标上均呈现显著性差异，城区园所物力资源显著优于农村物力资源。

三、研究思路

（1）根据学前教育资源配置的相关文献，从中筛选出本研究的有关问题。

（2）分析国内外对教育公平均衡、城乡学前教育资源配置的文献和有关研究，在此基础上对文献做出述评，以便把握好学前教育资源配置的现状。

（3）对河北省 C 市城乡之间学前教育资源配置差异和 C 市城乡公办与民办幼儿园的政府参与度进行调查研究，并以公平与效率理论作为本研究的理论基础。

（4）对调查结果进行归纳和分析之后，剖析制约 C 市学前教育发展的主要因素。

（5）在前述研究基础上，为 C 市城乡学前教育资源配置均衡提出对策和建议。

研究思路如图 1-1 所示。

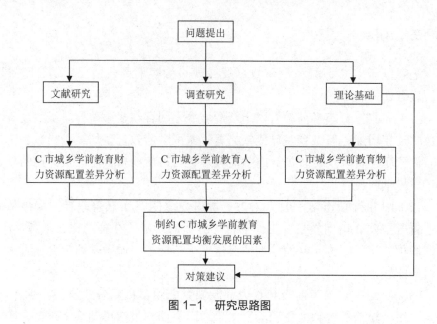

图 1-1 研究思路图

第四节 研究对象和研究方法

一、研究对象

本研究采用"分层抽样法",根据 C 市城乡分布情况选取 2 区、4 县(市)农村幼儿园 43 所,城区幼儿园 39 所,所调查幼儿园具体情况如表 1-1 所示。

表1-1 研究对象样本结构

所在位置	园所性质	省 / 市级示范园	一级园	二级园	三级园	注册合格园
城区	公办	3	4			
	民办	2	12	9	9	
农村	公办	2	5	4	2	
	民办	1	6	8	10	5

二、研究方法

（一）文献研究法

文献研究法，是基于研究目的，通过查找、翻阅文献来获取有关的资料信息，对已有资料进行统一整理、分析和处理的一种研究方法。本研究也是通过文献研究法对城乡统筹视域下学前教育资源配置差异问题进行分析的，研究的文献主要包括以下几个方面：第一，有关学前教育资源配置公平标准的理论文献。笔者在对科尔曼教育机会均等理论、胡森教育公平理论等诸多理论进行阅读、整理和分析之后，按照由抽象到具体的思路，确定以教育学、经济学和社会学三种理论剖析教育公平的内涵。第二，有关学前教育资源公平配置的各种政策和制度文献。主要包括我国学前教育资源配置的政策从追求效率到追求公平的变化；美国、英国等学前教育资源配置基础性措施、针对性措施的发展状况以及有效经验介绍。笔者在了解各种政策和制度之后，将学前教育资源配置和城乡差异作为本研究的切入点，并对二者的内涵加以扩充。第三，有关 C 市城乡学前教育资源的数据文献。包括各县市的学前教育经费数据、学前教师资源数据、办园条件数据等，根据数据的可获得性确定最终的学前教育资源配置指标。上述文献的研究与分析，为本研究打下了坚实的理论基础。

（二）问卷调查法

问卷调查法是以书面提出问题的形式来搜集资料的一种调查方法，这也是众多研究者最常用的研究方法之一。本研究根据河北省 C 市城乡学前教育发展现状，把所需要研究的学前教育资源配置情况问题做成问卷《C 市学前教育资源配置情况调查表》，包括财力资源配置、物力资源配置、人力资源配置三个维度。采用分层抽样法对河北省 C 市 43 所农村幼儿园和 39 所城区幼儿园的幼儿园教师、幼儿园园长进行问卷调查。作答者以当面作答或网上作答的方式来填写，最后收回调查问卷进行分析。通过问卷调查法可以了解调查对象对某些现象或问题的看法和意见。最后，根据问卷调查结果运用 SPSS 20.0 进行整理，分析 C 市城乡学前教育资源配置现状及其问题。

（三）访谈法

访谈法是通过与受访人员以面对面交谈的形式了解受访人信息的研究方法，它起源于一种行为心理学。本研究的访谈形式是针对走访中 C 市城乡学前教育中财力、物力和人力资源配置的相关内容，对 C 市城乡学前教育相关工作人员进行结构性和非结构性访谈，询问学前教育资源配置现状以及问题，以此探寻导致城乡学前教育配置差异的深层次原因，寻找影响城乡差异的因素。在调研走访时，笔者也与相关工作人员围绕如何看待城乡学前教育公平、如何实现城乡学前教育资源均衡配置、影响城乡学前教育公平最主要的因素有哪些等一系列问题展开讨论。本研究访谈情况的部分资料如下。

表1-2 本研究的访谈对象（部分）

序 号	性 别	单 位	职 务	资料中代码
1	男	C 市教育局基础教育科	科长	S 科长
2	男	C 市教育局财务科	科长	M 科长
3	女	Y 区教育局幼教科	科长	L 科长
4	女	X 区教育局幼教科	科长	Z 科长
5	女	B 市（县）教育局学前教育股	股长	R 股长
6	女	R 市（县）教育局学前教育股	股长	C 股长
7	男	H 县教育局学前教育股	股长	C 股长
8	女	Q 县教育局学前教育股	股长	Z 股长
9	男	城区公办园	园长	J 园长
10	女	城区公办园	教研主任	W 主任
11	男	城区民办园	后勤主任	L 主任
12	女	城区民办园	副园长	H 园长
13	男	城区公办园	教师	W 老师
14	女	城区民办园	教师	L 老师
15	男	农村公办园	园长	W 园长
16	女	农村公办园	教师	S 老师
17	男	农村民办园	园长	Q 园长
18	女	农村民办园	教师	M 老师

（四）数理统计分析法

数理统计分析法指通过对研究对象的规模、速度、范围、程度等数量关系进行关联分析，发现和认识事物的内在联系、变化规律，从而能够科学、客观地评价事物。本研究作为实证研究，通过统计数据能够直接反映研究的科学性和客观性，而且可以弥补定性研究的主观性。本研究问卷数据的处理主要采用SPSS 20.0统计软件，尽可能从数据分析中找到客观、科学的研究结果。通过SPSS 20.0统计软件中的描述统计、卡方检验、独立样本t检验等方法，旨在从数据中反映城乡学前教育资源配置的差异和问题。

学前教育基于资源均衡配置需要从多方法、多角度及多领域进行广泛深入的探讨和研究，本研究是将理论研究和经验研究相结合进行的。在资料获取方面，笔者对我国当前关于学前教育资源配置及教育公平等方面的资料进行搜集和整理，并对我国学前教育的实践情况进行了了解。在研究过程中，本研究以学科交叉的视角，将与学前教育研究相关的教育社会学、教育政策学、教育政治学和教育经济学等领域的研究进行融合，除此之外还搜集了一些其他国家或省、市、区的学前教育研究成果和学前教育实践的资料。

第五节　研究过程

一、样本的选取

根据本研究的内容和目的，研究人员通过走访C市教育局及各县（市、区）主管学前教育的相关负责人，以了解C市各县（市、区）学前教育发展现状。与此同时，以C市学前教育"三年行动计划"的政策文件作为样本，重点对学前教育财政投入、物力资源投入、人力资源分配三方面的相关内容进行研读。选定调研范围后，研究人员通过网络、教育年鉴、书籍等途径分别对C市各县（市、区）的行政区域划分和各乡镇情况进行了解，初步分析了人口、经济水平、教育发展等特点。通过电话联系，研究人员向各县（市、区）的幼教干部寻求帮助和支持，针对城乡幼儿园发展情况分层次在各县（市、区）、镇（乡）选取82所幼儿园进行深入调研。

二、问卷编制与数据整理

本研究以教育公平的相关理论依据、专家论证、访谈等为基础，并在假期对 C 市学前教育发展现状进行初步观察与了解后，确定了研究问题，并根据调查维度编制教师（园长）调查问卷。调查问卷的内容主要包括本县（市、区）发展的基本情况、办园经费、办园条件以及师资配置情况。问卷分为财力、物力、人力方面三个维度，共设计 38 道涵盖封闭式、半封闭式、半开放式、开放式四类题目。预调查后对个别题目进行修改或调整，检验结果显示，信度检验 Cronbach's alpha 系数为 0.824（以大于 0.7 为基本准则），测量结果可靠；KMO 值效度检验系数为 0.871（以大于 0.6 为基本准则），Bartlett's 球状检验 $p<0.01$，效度结果理想。

笔者正式对 C 市调查于 2019 年 9 月—10 月进行，通过 C 市教育局基础教育科 S 科长对城乡学前教育发展情况的介绍和各县（市、区）学前教育股相关负责人的帮助，分别抽取各县（市、区）办园质量较好、一般和较弱的城区幼儿园和农村幼儿园进行实地调查。根据 C 市城乡划分情况，结合实地调查和在线调查的形式共计发放教师问卷 550 份，回收问卷 543 份，有效问卷 507 份，回收率 98.73%，有效问卷率 92.18%；共计发放园长问卷 82 份，回收问卷 82 份，有效问卷 82 份，收回率、有效问卷率均为 100%。通过问卷中问题的五级答案（非常符合、比较符合、一般、比较不符合、非常不符合）进行 5 ～ 1 分赋值，将数据导入 SPSS 20.0 分析 C 市城乡学前教育资源配置差异情况。

通过发放问卷并及时访谈的方式，我们对 C 市城乡学前教育资源配置情况做了深入了解。选取访谈对象 35 位，主要包括教育局相关科（股）室负责人、园长、一线教师 18 人，以及部分幼儿家长（17 人）。对每一个县（市、区）调研结束后，研究人员及时整理统计调查问卷、相关工作人员访谈内容、图片资料等，并及时归类存档。

我们在预调查时发现了一些问题，如园所不少教师的学历是通过电大、函授、自考等方式取得的，并非全日制学历水平；农村幼儿园班级区角设置较为薄弱；家长需求对园所物力资源配置的影响；政策推进过程中的问题；等等。我们在这些方面做了补充，并在正式访谈中进行深入了解。对 C 市各县区数据都收集完毕后，我们对数据和访谈资源进行统一处理，并撰写研究报告。

第二章　核心概念与理论基础

第一节　核心概念界定

一、教育公平

所谓教育公平是由实践引发的理论问题，也是在多年的教育探讨中的实践问题。教育公平理论作为社会公平的一个组成部分，是社会公平在教育领域的具体表现。从字面上理解，公平是指"处理事情合情合理，不偏袒哪一方面"[①]；平等则强调"人们在社会、政治、经济、法律等方面享有相等待遇""泛指地位相等"[②]。从"公平"与"平等"的语义上来看，"公平"更强调价值判断，相对于"平等""均等"更具道德取向、伦理取向和历史取向。[③] 对教育公平内涵的讨论，主要有以下几种经典说法。

托斯顿·胡森（Torsten Husen）认为教育公平包括起点的公平、过程的公平、结果的公平。[④] 科尔曼（James S. Coleman）将教育机会均等作为研究

---

① 中国社会科学院语言研究所词典编辑室.现代汉语词典（第七版）[M].北京：商务印书馆，2016: 452.

② 中国社会科学院语言研究所词典编辑室.现代汉语词典（第七版）[M]. 北京：商务印书馆，2016: 1006.

③ 杨东平.对我国教育公平问题的认识与思考[J].教育发展研究，2000(8): 5-8.

④ 张人杰.国外教育社会学基本文选[M].上海：华东师范大学出版社，1989: 159-180.

起点，认为教育公平主要有四层含义：一是以某种标准向人们提供免费教育服务；二是为不同处境和背景的儿童提供普通课程；三是为所有儿童提供入学机会；四是在某个特定范围内教育机会一律平等。[①]

从法学的视角来看，"法律面前人人平等"的观念已经深入人心，在教育中应更多注重规则和机会的平等。教育公平在法学中主要表现为每个人接受教育普遍化的问题，从而继续上升到人权问题。教育权利平等是相对的，它意味着每个教育主体所拥有的相应利益、主张、资格。要求各个主体绝对一致是不可能的，但是法律应在其正当权利受到侵害时给予充分的保障。[②]而在现实中，追求公平也应根据现实的差异有所不同。

从社会学的视角来看，教育公平受到社会经济、文化、政治、科技、人口等各方面因素的制约。不同的社会背景对教育需求不尽相同，虽然我国在教育发展中具有中央集权的管理特点，但不同社会阶层的教育只能接近公平，不可能完全达到平等和公平。一致性的学校影响与差别性的校外影响的相对强度决定了教育制度在提供机会均等上的有效性。[③]

从经济学的视角来看，教育公平更强调市场经济自由竞争环境下的公平，更关注教育环境中的起点公平和结果公平。其论述教育公平时主要关注教育资源如何分配或配置给每个受教育个体以及受教育者享用教育资源的情况。有限的教育资源同样受到国家政策、经济水平、文化氛围、人口结构等方面的影响，从而使教育资源中的经费、办学条件、师资队伍等在区域和园所中的分布不均衡。综观同类研究发现，教育资源分配方式大体经历了以权力、能力、金钱为标准的三个历史阶段。[④]

从伦理学的视角看公平主要是指道德生活中的权利平等和义务平等，其实质是人权公平且要求并重和兼顾所有人的利益。但兼顾所有人的利益是一种理想状态，若不能将其并重和兼顾，就需要对其性质、效用、功能、价值等方面进行分析，看哪方面更能体现社会价值，并实现伦理功能，因此伦理公平还强调同情和怜悯的价值取向。[⑤]

[①] 王卓.教育资源配置问题的理论研究——教育学的立场和观点[D].长春：东北师范大学，2005.

[②] 林宇."教育公平"内涵之多学科解读[J].宁波大学学报（教育科学版），2011,33(6):18-23.

[③] 张人杰.国外教育社会学基本文选[M].上海：华东师范大学出版社，1989:191.

[④] 陈玉琨.试论高等教育的公平与效率问题[J].上海高教研究，1998(12):20-23.

[⑤] 姚伟，邢春娥.学前教育公平的理论基础[J].学前教育研究，2008(1):15-19.

综合上述界定，本研究所涉及的教育公平主要探讨学前教育公平问题，具体是指 C 市对城乡学前教育资源进行配置时的合理性问题，主要包括教育经费、办园条件以及师资队伍三方面。

二、教育资源

"教育资源"一词最早用于教育经济学领域，其经济学特征非常明显。国内最早使用"教育资源"这一术语是韩宗礼在 1982 年提出的，主要指"社会为进行各种教育所提供的财力、人力、物力条件"[1]。《教育大辞典》中的解释是，教育资源亦称"教育经济条件"，指教育过程中所占用、使用和消耗的人力、物力和财力资源。[2] 之后，很多学者，如康宁、姜勇、阚文生、李祖超、郑楚楚、王洁等均认为教育资源分为人力、物力和财力三部分，并在此基础上对教育资源进行分析研究。随着社会经济的发展，学术界对教育资源也通过人力资源、物力资源和财力资源进行了细致的分类研究。封留才（2014）认为人力资源包括教师队伍，教学管理人员，协助管理人员，教育领域的专家、学者、研究员和学生；物力资源包括教学设施、硬件设备、活动场所、图书资料、数据资源等；财力资源主要是教育经费，包括财政支出、社会捐赠、教育收入和私人投资。[3]

洪秀敏（2012）和崔方方（2010）从教育资源本身的属性角度分析，认为教育资源是社会资源的一类，不仅具有稀缺性、流动性、潜在性等社会资源的一般属性，还具有自身的特殊性，如投入与产出难以量化的复杂属性。[4]

综上所述，教育资源就是众多社会资源之一，根据现有学者们的研究分析，教育资源可以划分为财力资源、物力资源和人力资源三大类。

三、学前教育资源

学前教育资源是教育资源的重要组成部分，是伴随着学前教育实践不断积累而丰富起来的，包括教育制度、教育理念、教育经验、教育技能、教育

---

① 韩宗礼.试论教育资源的效率 [J].河北大学学报，1982(4): 60-70.

② 顾明远.教育大辞典（增订合编本）[M].上海：上海教育出版社，1998: 799.

③ 封留才.当代中国基础教育资源公平配置研究 [D].南京：南京航空航天大学，2014.

④ 崔方方，洪秀敏.我国学前教育发展区域不均衡：现状、原因与建议 [J].教育发展研究，2010 (24): 20-24.

资产、教育设施等。本研究中，学前教育资源是指在学前教育过程中所占用和消耗掉的人力资源、财力资源和物力资源，可通过财政收入占比、园舍建设达标占比、教师编制占比、教师资格证持有量的占比、教师职称占比、教师学历占比、公办幼儿园占比及师幼比等对学前教育资源进行量化。

四、教育资源配置

教育资源配置通常是指从最优化的目的出发满足社会客观需求，最充分地利用有限的人力资源、财力资源、物力资源，用最优的方式分配在教育系统内部和各系统之间。[①] 教育资源配置是社会资源配置的一个子范畴，主要是指财力、物力、人力资源三个方面在区域、城乡、园所之间按照一定规则或方式进行分配。教育资源配置是教育均衡最重要的手段之一，通过合理的分配使投入的教育资源在教育机构内部能够得到充分使用，以保证教育发展的可持续性、协调一致性。

靳希斌认为，从教育经济学角度看，教育资源也是教育投资，是指一个国家或一个地区，根据教育事业发展的需要所投入的教育财力资源、教育物力资源和教育人力资源的综合。其中，学前教育微观层面的人力资源包括授教者和受教者，即教师队伍和学生，具体包括招生人数、在园学生数、教师总数、后勤人员、师资力量、教学水平等；财力资源一般指用于教育领域的货币表现，包括国家对教育财政的经费投入、受教者个人及家庭的教育投资、园所建设经费、教师薪酬待遇等。物力资源是用于学前教育领域各种物质资料的总称，包括园所建设、硬件设施、教学设备和游戏场所等。[②]

厉以宁认为，资源配置是指经济活动中对人力资源、物力资源、财力资源等在不同用途上的分配。而教育资源配置就是政府如何把现有的教育资源，通过市场和计划的方式配置到社会急切需要的教育部门、教育产品和教育服务上去，以最大限度地满足社会对教育的各种需求，这是一个动态的过程。由于当前的教育资源是有限的，只能对现有的教育资源进行合理分配，并不断地进行调整和完善。政府部门对教育资源的配置职能基于实际供给能力，然后根据现实需求来配置，通过教师的配备和资金的注入来实现，配置的主体是国家各级政府，配置方式主要划分为计划和市场两种，市场对教育资源

① 范先佐.论教育资源的合理配置与教育体制改革的关系 [J].教育与经济，1997(3)：7-15.
② 靳希斌.政府教育管理职能转变与公共教育财政体制建构 [J].现代教育管理，2011(10)：1-4.

的分配在国家宏观调控下起着基础性的作用，在经济落后的地区进行教育资源配置，市场无法解决实际问题，需要把计划与市场有机地结合起来。[①]

教育资源配置基于以下三个目标。

（一）公平

这里所说的公平不是绝对的公平，是相对意义的公平。教育资源配置需要考虑地区和类别差异，尽可能地保证受教育者所需的资源与所配置的资源相匹配，对不公平现象进行调节和修正。对于公平的追求，不仅有"量"的要求，也有"质"的要求，通过教育资源的有效合理配置，确保起点和过程公平，从而实现结果的公平。

（二）效率

教育资源配置要考虑投入与取得的回报，即投入的这些成本会给国家经济发展带来哪些重要贡献。教育活动所期待的收益不仅是经济上的收益，更重要的是社会、政治、文化、精神文明层次的收益。教育资源配置的目的是通过教育取得较大的预期收益，从国家层面上促进经济和社会的发展。

（三）稳定

这里的稳定主要指各级、各类教育的发展稳定。通过优化教育资源配置，确保各地区、各级各类的学校能够得到比较充裕的办学经费，对于教育落后的地区通过扶持缩小地区教育差异，保证教育质量，从而提高全民的素质和技能水平，保证社会经济稳定发展。

综合上述界定，本研究中关于教育资源配置主要是指各地区充分利用教育资源在城乡间进行合理分配。学前教育中的人力资源、物力资源和财力资源是有限的，由此产生的供需矛盾会导致人们竞相争夺资源，学前教育资源配置失衡。学前教育作为公共产品，需要政府发挥职能，对学前教育有限的资源进行合理配置。政府需要充分了解市场，通过有效途径进行计划分配，找到学前教育各类资源要素组合的最优模式，保证所提供的教育资源的数量和质量，为所有适龄儿童创造良好的、教育机会均等的社会环境，保障教育公平。

五、城乡学前教育

明确 C 市城区与农村的划分界限，对研究中理顺城乡关系、确定研究总体、选择抽样方式等方面有着现实意义。城乡即"城市"和"乡村"，从词源上分析，其中"城"可以指"城墙"或城墙以内的领域，与"乡"相对。另外，"城"在古代有"国"或"国家"的含义，如今通常指区域政治、经济、文化、科技、人口的中心地区；乡村一般指农村地区人类各种形式的居住场所，与"城"相对。我国关于地理区域的城乡划分中，城镇主要涵盖城区和镇区。城区是指在市辖区和不设区的市，镇区是指在城区以外的县人民政府驻地和其他镇，政府驻地的实际建设连接到的居民委员会和其他区域。乡（农）村是指划定的城镇以外的区域。C 市有 2 个市辖区（Y 区和 X 区）、10 个县（C 县、Q 县、D 县、H 县、Y 县、S 县、N 县、W 县、X 县、M 县）、4 个县级市（B 市、R 市、HH 市、HJ 市）、1 个沿海新区、1 个高新技术产业开发区和 1 个经济技术开发区，包括 79 个乡、88 个镇。[①] 本研究结合 C市城乡布局现状，将"城区"限定为 2 个市辖区、10 个县和 4 个县级市的中心镇，其余为乡（农）村，以下研究中统称为"农村"。

对于学前教育这一核心概念的界定，主要从幼儿年龄划分和教育实施内容两方面来考虑。学术界对学前教育这一阶段的儿童年龄划分有不同的观点。目前，社会上一般将"学前教育"与"幼儿教育（或早期教育）"等同，但对幼儿年龄段划分有不同说法：一种是指 3～6 岁，另一种是指 0～6 岁。本研究采用第一种解释，主要针对 3～6 岁幼儿在专门的机构所接受的早期教育。[②]

基于此，广义上的学前教育是指通过家庭、园所、社会对适龄儿童成长所产生影响的教育活动。狭义的学前教育是指专门的幼儿教育机构所实施的教育，如托儿所、幼儿园、早教机构的教育。本书所采用的学前教育机构主要指幼儿园。

综合上述界定，本研究的城乡学前教育主要指城区（包括镇中心地区）和农村（包括除镇中心地区以外的镇区）的 3～6 岁幼儿所在的专门进行早教的机构。

---

① 来源于国家统计局的数据。

② 蔡迎旗 . 学前教育概论 [M]. 武汉：华中师范大学出版社，2006：1.

第二节 研究的理论基础

一、公平与效率理论

（一）公平的内涵

公平是指社会活动中对人们之间的利益和权利进行合理公正的分配，满足人们的期望需求。公平是人与人之间的一种平衡关系，代表着付出和回报的合理关系。公平是一种特有的社会关系，包括很多方面，如人身平等、地位平等、机会平等、权利平等。在经济学领域，认为商品等价交换，是一种经济意义上的公平。在社会学和伦理学领域，公平是体现社会价值分配法则的社会公平。列宁指出："各个时代的公正要求无一不是直率而公平地站在一定社会集团立场上。"① 公平问题的产生离不开社会利益的分化，人们对社会产品和权利的分配产生了是否公正的思考，公平体现了人们利益与权利的关系。

公平的概念具有历史性，在不同的历史时期，人们对公平的理解和定义不同。在生产力水平落后的原始社会，对衣食的平均分配是人们的公正观；在古希腊时代，希腊人以奴隶制作为公平观；封建社会建立的上下等级制度是当时社会的公平原则；在资产阶级时期，废除封建制度是资产阶级要求的公平观；资本主义的生产资料私有制和资产阶级本性决定了资本主义的公平是形式上的公平，而不是实际上的公平，这是资本主义的公平观；社会主义时期，人们共同占有生产资料，并按劳分配，更大意义上体现了社会公平。公平从层次上来划分，可以分为社会公平、各个具体领域的公平、各个领域内部的公平。此外，公平还可以分为起点公平、机会公平和结果公平。

（二）效率的内涵

效率在经济学领域的定义指的是社会资源的有效配置和利用，包括对

---

① 中共中央马克思恩格斯列宁斯大林著作编译局. 列宁全集（第四十六卷）[M]. 北京：人民出版社，1990：379.

劳动力、土地等生产要素配置和利用的效率。意大利著名学者帕累托提出，完全竞争的均衡能够导致资源的有效配置。① 帕累托所说的效率是资源配置的最优状态，但是这种理想状态不切实际。正如萨缪尔森说的："毫无疑问，绝对的有效率的竞争机制从未出现过，将来也不会出现。"② 在社会生产活动中，生产效率的提高必然与生产者利益相关。从经济角度看，效率是衡量社会资源有效配置的程度。从社会角度看，效率是衡量社会个人福利满足的程度。对于效率的描述，我国学者厉以宁指出效率的三要素：第一，"一定的投入较多的产出或一定的产出较少的投入意味效率的增长"；第二，"效率增长表现为劳动生产率提高或资金利润率提高"；第三，"效率增长表现为人尽其才，物尽其用，货畅其流"。③ 在社会主义市场经济条件下，效率有两方面的含义：微观效率和宏观效率。微观效率主要指生产要素的投入与产出的对比关系，而宏观效率是从社会层面上对社会资源进行的最佳配置。

（三）公平与效率的理论观点

公平和效率之间，是一种矛盾的辩证关系，它们既相互独立，又相互依赖。对效率的过分推崇会忽视社会公平的价值，而效率又是公平的物质基础，效率的提高有利于社会公平的实现。因此，对于公平与效率关系的研究，学者们观点颇多。

1. 效率优先论

持此观点的代表人物是哈耶克、弗里德曼和罗宾斯，他们认为效率应优先于公平。他们坚持效率和自由一体，追求公平是对自由的破坏，也会损坏市场对社会资源的配置。哈耶克的观点强调市场效率的作用，不认可国民收入再分配会实现平等。他认为平等应该是机会平等，而不是结果平等。哈耶克理论是典型的资本主义市场经济中的成功者心理。弗里德曼认为追求效率造成的结果不公平原本就是一种公平的现象。他认为收入分配与个人的努力、机遇、出身等因素有关，资本主义社会的企业自由竞争，会提高经济发展水平，促进社会的进步。罗宾斯强调提高效率是减少社会不公平的前提，

---

① 李健英，贾丽虹 . 政治经济学教程（第三版）[M]. 北京：科学出版社，2016.
② 萨缪尔森，诺德豪斯 . 经济学（英文版）[M]. 北京：机械工业出版社，1998.
③ 厉以宁 . 经济学的伦理问题 [M]. 北京：生活·读书·新知三联书店，1999.

他认为不公平现象是不可消除的，只能减少，而提高生产效率是减少社会不公平分配的有效手段。

2. 公平优先论

这种观点的持有者认为公平是无价的，其既是人类的理想和追求，也是人类生存和发展的法则，是一项神圣不可侵犯的权利。勒纳认为应把社会总体福利水平和结果公平相结合，实现收入平均分配。他认为人与人之间的效用是无法测量的，不能确定哪一种分配方式可以获得最大福利，收入平均分配是最好的一种分配方式。学者罗宾逊对经济增长和收入不公平的问题进行了综合研究，他指出收入分配与人际关系有关，收入分配涉及人们的利益冲突，在不同经济制度下分配方式不同。同时，他认为收入均等化是一种好的分配方式。

3. 公平与效率交替论

持有这种观点的学者主张兼顾公平与效率，以凯恩斯、萨缪尔森和奥肯等人为代表。凯恩斯主张放任自由的市场中既不能获得效率，也不能实现公平。他指出资本主义经济危机的产生是资本主义性质决定的，也在于资本主义不公平的分配。他给出了坚持这种观点的理由，不公平的分配会造成人们的需求得不到满足，使很多人会失去就业机会，从而导致失业现象的发生。效率和公平是统一的，企业和个人既要参与竞争提高效率，又要通过国家对收入进行再分配，实现社会公平。奥肯指出，公平与效率存在对立统一的关系。公平和效率都有价值，在两者冲突时，应有一方对另一方妥协。他提出了"交替论"的观点来处理公平与效率的矛盾，他认为当社会生产力低下时，应以效率为先，当生产效率领先时要提倡公平。"公平与效率最优交替论"在资本主义社会存在弊端，因为资产阶级的政府是"金钱特权"的代表，无法在真正意义上消除私有制的不平等现象，在生产过程中很难做到效率与公平兼顾。

改革开放以来，我国经济发展迅速，综合国力提升，人们的生活渐入小康，公平问题越来越受到社会的关注。邓小平明确表示过，随着效率问题逐步得到解决，公平问题将逐步成为需要考虑和解决的中心问题。① 我国是社会主义国家，十分重视社会公平，所以现阶段我国需要将发展侧重点转移到公平问题上，既发展效率，又保证公平，效率和公平统筹发展。我们既要保证教育均衡配置的公平性，又要追求教育均衡配置的高效性，因此"兼顾公

---

① 中共中央文献编辑委员会. 邓小平文选 [M]. 北京：人民出版社，1994: 373.

平和效率，效率和公平共同发展"是本研究中学前教育资源配置城乡均衡发展的理论基础。

二、教育公平理论

我国早有孔子的"有教无类"的教育思想，体现了教育公平的理念，西方也有柏拉图及其弟子倡导的教育平等思想。平等与不平等是教育公平理论产生的基础，由教育的产生伴随而来的教育公平理念向来被人们所重视和倡导。美国公立教育之父贺拉斯·曼道出了教育公平理念被重视的缘由，因为教育能促进人类平等，而"人生而平等"和教育公平的有效结合才是推动社会进步和强大的动力。

20 世纪 60 年代，美国的民权运动基于自由主义观点产生了教育平等理论，其中最具有代表性的是瑞典的教育家托尔斯顿·胡森、科尔曼和罗尔斯等学者。科尔曼从受教育的过程出发，提出了进入教育系统的机会均等和参与教育的机会均等。托尔斯顿·胡森从个人角度出发提出了更为全面的教育公平理论，他的观点和孔子提倡的"有教无类"的思想是一致的，他认为任何学生都应该享有同等的受教育的权利，教育公平应该包括教育起点的公平、教育过程的公平和教育结果的公平。罗尔斯提出正义原则是教育公平理论的依据，他主张"公平即正义"。正义原则包括平等与自由原则、公正与差别原则。在平等与自由里，应该注重起点公平，他提出了"无知之幕"的假说，论证了正义原则是公平协议后的一种契约结果，而这种在初始状态下达成的契约在一定程度上能体现起点公平；在公正与差别里，他提倡差异原则，他遵从的教育公平通过补偿原则偏向于弱势群体，并认为应该给予弱势群体一些补偿，以此来促进教育公平。从效率的角度分析，同样数量的资源分配给优势群体和弱势群体，都会朝着好的方向发展，但是分配给弱势群体的效率会更高一些。因此，有限的教育资源配置能体现出教育公平。学前教育资源是有限的，资源分配应该既注重公平，又注重效率，平等与自由的原则要求学前教育资源在配置过程中要统筹规划，保障最低配置标准和要求，做到起点公平；公正与差别原则要求学前教育资源在配置过程中考虑到弱势群体的特殊性而给予照顾，从而达到普惠的目的，做到教育公平。

目前，我国学者较为认可和接受的教育公平理论包含以下五个原则：一是资源分配均等原则，即同一区域内的学校和师生都应享有教育财政公平；

二是财政中立原则，即在经济发展不同的区域都应该让受教育者获得均等的受教育机会；三是调整特殊需要的原则，即要向受教育的弱势群体倾斜；四是成本分担和补偿原则，即应该要求所有的教育利得者共同承担相应的教育成本；五是资源补偿原则，即优势地区的教育资源要适当转移到弱势地区。在本研究所运用的教育公平理论中，以上五个原则是研究学前教育资源均衡配置的基础。

教育平等在 20 世纪初只是停留在普及大众教育的层面，直到 20 世纪 60 年代的美国民权运动中产生了教育平等理念，使教育平等不再只停留在大众教育层面，而是上升到教育政策层面，主张只有教育政策层面的平等才能促进受教育的公平。到现在的 21 世纪，教育平等更加注重教育资源、教育机会所促进的教育公平，更加注重人的发展。当下教育公平的标准不再是一元而应该是多元的，在受教育者应得到的教育机会平等的基础上，结合当地教育资源的实际情况，合理化分配公共的教育资源，增加教育给受教育个体带来的正外部性效益，从而促进教育均衡发展。学前教育具有准公共产品属性，政府是主要提供者，应该由政府来配置学前教育有限的资源，这样可以保障经济水平发展较弱地区的学前适龄儿童得到受教育的机会，为其提供一个相对公平的教育环境。因此，政府在学前教育资源配置过程中应该发挥好政府职能的作用。

三、公共产品理论

（一）公共产品理论

早在 18 世纪，大卫·休谟通过"草地排水"的事例探讨了公共产品理论的核心问题，即当个体面对共同需求的供给时，由于个体的利己性会出现偷懒现象，导致没法完成既定的目标，而只有政府才能解决这一核心问题。直到 19 世纪 80 年代由奥意学派与瑞典学派创立了较为系统的公共产品理论，正式提出了"公共物品"的概念，该理论学派的学者们运用边际效用理论与财政学相结合进行研究，提出市场无法满足一些商品、服务的配给，必须要通过政府的财政职能来解决，于是逐渐从公共经济学理论中引申出了外溢性，从而奠定了公共产品理论的基础。1954 年，萨缪尔森在《公共支出的纯理论》中对公共产品进行了定义，即个体消费者对某一物品、劳务或服务的消费不会影响其他人对该物品、劳务或服务的消费效应，这一类物品、劳务或服务被称为公共产品。公共产品具有三个显著的特征：效用的不可分割性、消费的非竞争性和受益的非排他性。凡是可以由部分消费者所占有和享用，具有明显的敌对性、排他性和可分割性的产品都是私人产品。而介于两者之间的被称为准公共产品。

（二）学前教育准公共产品的属性

准公共产品也叫混合产品，是介于公共产品和私人产品之间的产品。其中一些公共产品具有非竞争性和排他性特点，无论是增加，还是减少，消费者对其消费都不会对其他消费者产生任何影响，但是对某些特定的消费者也是具有排他性的。此外，还有一些准公共产品同时兼有内外部效益。这类产品从内部收益来看，具有明显的竞争性和排斥性的特点，具有私人产品的特性；而从外部收益来看，具有非竞争性和非排斥性两个特点，具有公共产品的特性。

综上可见，学前教育是一种准公共产品。因为在消费上，学前教育具有不充分的非竞争性，具体表现为在学前教育资源、教师数量、园所面积和班额比给定的情况下，每增加一个适龄儿童会影响其他儿童接受学前教育的机会，随着受教育者的增多，教育成本也会增加，从这个角度上看学前教育具有消费的竞争性。对于同等受教育的儿童来说，在接受教育过程中接受教育的具体权利不具有竞争性的一面，而体现了消费非竞争性的特征。但是在收益上，学前教育具有非排他性。就内部效益而言，幼儿园招收学生的数量是给定的，需要交付一定的学费才有接受学前教育的机会，这体现了学前教育私人产品的一面；就外部收益而言，适龄儿童接受学前教育不仅自身受益，家庭和社会也会受益。可见，学前教育属于准公共产品。由于学前教育具有的这种准公共产品的属性，政府必须承担起资源提供者的主要责任。

四、教育资源配置理论

教育资源配置是指对各种教育资源在不同使用方向上的分配，包括人力资源、物力资源、财力资源、时空资源、信息资源、文化资源、权利资源、制度资源、政策资源、关系资源等。在明晰了教育资源配置的客体后，许丽英（2007）认为，教育资源配置还关系到三个问题：第一个问题，谁来配置教育资源，即教育资源配置的主体是谁，或者说是拥有教育资源配置权的集体或个人，包括国家、企业、个人等；第二个问题，教育资源配置给谁，即教育资源配置的对象，不同地区、不同主体进行教育资源配置的主要对象；第三个问题，按什么标准和原则进行配置，即在具体的教育资源配置过程中，必然有一定的价值导向制约着教育资源配置的方向和目标。[①] 褚宏启、杨海燕（2008）认为，教育资源配置的三种合理性原则是平等原则、差异性原则和补偿原则。其中，平等原则包括权利平等和机会平等，教育资源配置的平等即受教育权平等和教育机会平等。差异性原则是"不同情况，不同对待"的原则，教育资源配置的差异性原则关注的是受教育者个人的差异，但并不是平均或平等分配教育资源的份额。教育资源的补偿原则不同于差异性原则，它关注的不是受教育者个人的差异，而是受教育者社会经济地位的差距，并主张对社会经济处境不利的受教育者在教育资源配置上给予补偿。按照补偿原则配置教育资源是不平等的，却是公平的。所以，教育资源配置的补偿原则对我国推进教育均衡发展具有重要的意义。根据教育资源的补偿原则，教育资源应向弱势地区、弱势学校和弱势群体倾斜。[②]

学前教育的补偿功能是对处境不利的儿童群体给予适合他们水平的教育，促进儿童能在原有水平上有所提高，这是符合罗尔斯"正义原则"里的"差别原则"的。在国外，英国、美国和印度等国家为了实现教育的公平和学前教育资源配置的均衡，都将学前教育补偿功能理论应用于学前教育政策的制定中。这为我国学前教育资源配置政策的制定提供了思路。

五、资源依赖理论

资源依赖理论萌芽于20世纪40年代，于20世纪70年代以后广泛应用到组织关系的研究中，是组织理论的重要理论流派，是研究组织变迁活动的一个重要理论。杰弗里·菲佛和杰勒尔德·R.萨兰基克（1978）在《组织的外部控制》中给出了组织的资源依赖性的基本逻辑结构。对组织来说，最重要的是生存。为了生存，组织必须拥有资源，包括人员、资金、社会合法性、顾客、技术、物资投入等，而组织自身通常不能生产这些所需要的资源，所以它不得不与所依赖的环境中的资源因素进行互动。而这些因素通常

---

① 许丽英.教育资源配置理论研究——缩小教育差距的政策转向[D].长春：东北师范大学，2007.
② 褚宏启，杨海燕.教育公平的原则及其政策含义[J].教育研究，2008(1)：10-16.

包含于其他组织中。因此，组织的生存要建立在组织控制与其他组织关系的能力基础之上。杰弗里·菲佛和杰勒尔德·R.萨兰基克认为，有三个因素决定组织对另外一个组织的依赖程度：第一，资源对组织生存的重要性；第二，组织内外部一个特定群体获得或处理资源使用的程度；第三，替代性资源来源的存在程度。

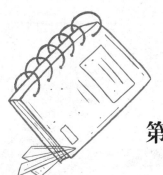

第三章　文献探讨

第一节　国内学前教育资源配置研究现状

　　长期以来，学前教育的发展与其他教育阶段的发展相比，受重视的程度不够。学前教育资源配置总体不足，学前教育资源整体质量不高，城乡发展差距较大等一系列历史遗留问题和当前优质的学前教育资源供不应求的现实矛盾在"全面二孩"政策后被激化。实行"全面二孩"政策后，学前教育现有的教育资源已不能满足因人口增加而带来的大量学前教育需求，进而加剧了学前教育资源配置不均衡的矛盾，这种矛盾给学前教育资源的优化配置带来了极大的挑战。

　　通过检索 2000—2019 年有关城乡学前教育均衡发展问题的 700 多篇研究文献发现，报纸文献占 10% 左右，70 余篇；期刊论文占 70% 左右，共500 多篇；学位论文也占 10% 左右，70 余篇；此外，还有会议论文 10 余篇，图书 30 余本。如图 3-1 所示。

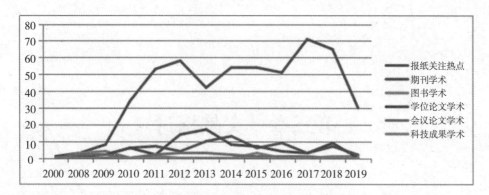

图 3-1　有关城乡学前教育均衡发展问题各类型文献发展曲线图 ①

由图 3-1 可知，有关城乡学前教育均衡发展问题的研究主要集中在期刊、学位论文及报纸中，其中 2000—2012 年及 2016—2017 年关于城乡学前教育均衡发展问题的研究呈上升趋势，到 2017 年达到了相关研究的顶峰。

同时，在近二十年的城乡学前教育均衡发展问题研究的文献中，有 21 项省市基金项目，约占 40%；16 项教育部基金项目，约占 30%；13 项国家社会科学基金项目；1 项国家自然科学基金项目。由此可见，城乡学前教育均衡发展问题在近二十年一直受到省市级以上部门的重视。

通过梳理对国内学前教育资源配置的相关研究，更深入地了解城乡学前教育资源配置现状及相关研究领域现有成果，发现在学前教育系统中，学前教育资源一般分为教育财力资源、教育物力资源和教育人力资源三大类，所以学前教育资源优化配置也主要从这三个方面着手。

一、学前教育财力资源配置研究

（一）关于经费投入比例的研究

经费投入比例是体现社会或政府对学前教育重视程度最明显的标志。世界银行、经济合作与发展组织、联合国儿基会的经验表明，只有当一个国家财政性学前教育经费占财政性教育经费的 10%、占 GDP 的 1% 时，学前

---

① 孙佳慧，夏茂林．近二十年我国城乡学前教育均衡发展问题研究文献综述 [J].商丘师范学院学报，2020, 36(2): 105-108.

教育才能实现可持续发展。[①] 杨卫安（2015）发现中国与其他 OECD 国家在幼儿教育投入占本国 GDP 比例上的差距较大。[②] 自颁布《国家中长期教育改革和发展规划纲要（2010—2020 年）》和《学前教育三年行动计划》以来，2011 年学前教育经费投入总量突破 1 000 亿元，达到 1 018.58 亿元。比 2001 年上涨了近 17 倍，年均增长率达到 32.67%。[③] 第一个"三年行动"计划开始后，全国财政性教育经费中学前教育经费占比从 2010 年的 1.7% 提高到了 2012 年的 3.4%。但是，即使在"三年行动"计划学前教育财政投入大幅增长的情况下，学前教育在全国财政性教育经费中的占比也远远低于 10%。[④] 2009 年中国教育年鉴显示，普通小学生均教育事业费 3 357.92 元，而学前教育的生均教育事业费仅为 773.51 元，仅占普通小学的生物教育事业费的 23.03%。[⑤]

（二）关于经费投入趋势的研究

有研究者认为"入园难""入园贵"的原因仍然与财政投入少且不均匀直接相关。[⑥] 政府应改变将财政资金集中投入公办幼儿园、"优质示范园"的传统做法，注重对农村幼儿园和民办幼儿园的财政投入。曾彬和姜晨（2014）提出我国学前教育财政投入存在的最大问题就是总量投入不足，并且投入渠道十分单一、地区差异和城乡差异十分明显。[⑦] 张雪（2010）的研究则发现我国近年来对学前教育财政投入逐步加大，但幼儿园的数量却整体减少，出现这一现象的原因就是政府对学前教育的投入集中在少数的民办园和幼儿身上，这是有悖于教育公平的。在投入方式上，可选择学前教育专项

① 王海英. 提高公办园比例势在必行 [N]. 中国教育报学前教育周刊，2014-07-13.

② 杨卫安. 我国未来学前教育投入的规划与预测 [J]. 学前教育研究，2015(8)：21-33.

③ 教育部财务司，国家统计局社会和科技统计司. 中国教育经费统计年鉴（2001—2012）[M]. 北京：中国统计出版社，2013.

④ 李萌. 学前教育与其他各学段财政性投入差异的实证研究 [J]. 早期教育（教科研），2014(12)：2-6.

⑤ 根据《中国教育统计年鉴（2009）》的在园人数和《中国教育经费统计年鉴（2009）》的教育事业经费情况整理而得.

⑥ 储朝晖. 财政投入与幼儿教育公平性研究 [J]. 天津师范大学学报（社会科学版），2012(1)：57-61.

⑦ 曾彬，姜晨. 关于我国学前教育财政投入的有效性分析 [J]. 教育导刊（下半月），2014(8)：3-7.

转移支付、建立专项发展基金、财政补贴等方式。^① 从经济学的角度看，政府干预下的财政投资容易产生趋利的倾向性，为此政府应找准自己的定位，限定职责。然而，公办园与民办园之间、不同类型公办园之间地方政府财政分担比例和投入差异显著，不公平投入只能增大贫富差距。^②

（三）关于财政投入体制的研究

有研究者提出我国应实行"多元均等"的学前教育国家资助制度。^③ 为确保学前教育的公益性和普惠性，"三年行动计划"的实施要立足我国学前教育发展现实，建立经费的稳定长效投入机制和保障机制。自 2010 年以来，从中央到地方都相继出台了一系列相关政策，加大了学前教育的财政投入，丰富了学前教育资源。学前教育财政投入整体上呈现出"分配项目细化""局部设计""重基建、轻师资"等特点。有鉴于此，研究者认为要从调整财政投入分配格局、统筹规划、明确各级政府责任等方面加以改进。基于此，有学者认为应推进我国学前教育投入体制机制改革，构建社会、政府和家庭相互配合的投入体制；规范学前教育财政预算制度；明确投入比例及生均标准；多渠道投入经费以及引导社会力量办园，等等。

上述对学前教育经费的研究主要集中在对学前教育经费层次类别和财政制度的分析上，而对于学前教育发展中经费用途方面，如学前教育事业费和基本建设经费之间的分配研究较少。

二、学前教育物力资源配置研究

目前学前教育资源配置的不足主要表现在幼儿园数量少，难以满足当下公立园所的学前教育需求。随着经济的不断发展和"二孩"政策的推行，幼儿数量不断增加，特别是在农村地区，幼儿数量在全国幼儿数量中占三分之二。但据洪秀敏和罗丽统计的 2005 年到 2012 年的相关数据，农村幼儿园所还不到全国幼儿园园所的二分之一。《中国儿童发展纲要（2011—2020 年）》

---

① 侯石安，张紫君.促进我国学前教育发展的财政政策选择[J].财政研究，2012(7): 66-68.

② 宋映泉.不同类型幼儿园办学经费中地方政府分担比例及投入差异——基于 3 省 25 县的微观数据[J].教育发展研究，2011(17): 15-23.

③ 孟伟，张羽寰，李玲.多元均等——我国学前教育资助政策路径探析[J].教育导刊（下半月），2012(2): 12-16.

的数据显示，2019 年，全国共有 28.1 万所幼儿园，其中公办园仅 10.8 万所，而且多集中于城市，农村的公立幼儿园数量较少。这就直接导致了农村大多数学前教育适龄儿童处于无学可上的状态，这种情况既有悖于教育公平，又将继续拉大学前教育城乡发展的差距。农村的学前教育一直处于劣势，物力资源配置既数量不足，又质量不高。刘丽英（2015）、石立叶（2015）认为农村环境具有特殊性，从地理环境来看，农村地区面积较广，但人口分布较为分散，不利于将教育资源聚焦起来，从而创办高水平、高质量的幼儿园园所。① 对于提升学前教育质量，李红恩（2011）、靳玉乐（2011）提出了应该根据不同区域的不同实际情况，按照一定比例合理配置教育资源，使区域内所有学前适龄儿童按照就近入学的原则得到受教育的机会，并且能够充分享受到教育资源，针对教育资源供不应求的区域，建议通过扩建幼儿园或者招收优秀教师的方式来优化教育资源配置，针对教育资源供过于求的区域，建议通过拆除或者合并的方式防止资源浪费。② 之后也有学者持有相同的意见，李楠（2016）认为要根据国家发布的幼儿园园所建设的规章条例，对城市幼儿园园所建设不合理的部分进行整改，对农村幼儿园园所的建设，首先要保证达到数量的需求，其次才是保证质量。③

目前，对学前教育物力资源的配置的研究主要包括以下几个方面。

（一）关于园所规模的研究

有研究者通过问卷调查和实地调研发现辽宁省农村幼儿园数量平稳发展而且有上升趋势，但覆盖面和建筑面积达不到标准。郑雅姿（2013）调研发现城乡园所差异较为显著，与《城市幼儿园建筑面积定额（试行）》的规定标准相差较大。④ 我国自 2011 年开始至今全国各省份开展了两轮学前教育"三年行动计划"，普惠性幼儿园已经成为扩大学前教育资源的一种

---

① 石立叶，刘丽英.河北省学前教育资源配置非均衡发展现状与对策[J].统计与管理，2015(9)：52-54.

② 李红恩，靳玉乐.美国中小学学校布局调整的缘由、现状与启示[J].比较教育研究，2011, 33(12)：6-9, 28.

③ 李楠.当代我国城乡学前教育均衡发展研究的特点分析[J].宿州教育学院学报，2016, 19(3)：77-78.

④ 郑雅姿.幼儿园教育质量的现状研究[D].长春：东北师范大学，2013.

重要办园模式。^① 据教育部统计，2018 年全国共有幼儿园 26.67 万所，比上年增长 4.6%。其中，普惠性幼儿园 18.29 万所，比上年增长 11.14%，占全国幼儿园的比重为 68.57%。^② 研究显示，我国学前教育事业在 1996 年至 2000 年社会变革时经历了低迷后开始回升，虽然幼教机构数量在国家政策的支持下迅速增长，但园所数量仍难以满足人们对幼儿园的需求，城乡园所数量差异较大。

（二）关于班级规模的研究

我国于 2016 年修订的《幼儿园工作规程》指出幼儿园每班幼儿人数一般为小班 25 人，中班 30 人，大班 35 人，混合班 30 人。对班级规模的研究，许多学者更多关注的是农村或民办幼儿园。冯芳（2013）通过调研发现陕西省 A 县城乡园所班级规模普遍过大，城区园所之间办园质量也存在较大的差异。^③ 徐兰（2014）通过对国家级贫困市 A 市调研发现，幼儿园班级规模普遍过大，农村幼儿园班级规模达标率远不及城区。^④ 程婷（2015）对万年县小微幼儿园进行实地调查研究发现，只有一个班级的幼儿园占调查总数的 68.37%，其他多为附设在小学校园内的学前班和混合班；仅有 4 所幼儿园班级规模在 3 个班和 4 个班，班级数最少的是 2 个班级的幼儿园。^⑤

（三）关于园所布局的研究

虞永平（2011）认为解决"入园难""入园贵"问题，要积极建设新的幼儿园，利用中小学布局调整后的富余校舍，改扩建为幼儿园。^⑥ 李克勤和郑准（2014）对岳麓区公办、民办和城镇幼儿园的生均建筑面积进行了统计分析，结果显示该项目保持稳中有升的态势，但是农村幼儿园的生均建筑

① 但菲，侯雨彤．规模与质量：集团化幼儿园发展的现实诉求 [J]．教育研究，2013(9)：84-88.

② 华夏时报．"二胎潮"下教育部聚焦学前教育 2018 全国普惠性幼儿园共 18.29 万所增速超 11% [EB/OL]．(2019-02-27)[2021-01-21]．baijiahao.baidu.com/s?id=1626505964186242970&wfr=spider&for=pc.

③ 冯芳．教育均衡发展视野下幼儿园教师配备现状研究——以陕西省 A 县为例 [D]．重庆：西南大学，2013.

④ 徐兰．幼儿园师资配备的现状研究 [J]．江苏幼儿教育，2014(7)：38-41.

⑤ 程婷．万年县农村小微幼儿园办学现状调查研究 [D]．南昌：江西师范大学，2015.

⑥ 虞永平．改造富余校舍 扩大学前教育资源供给 [J]．人民教育，2011(21)：23-25.

面积不但长期处于相对较低水平，而且未有明显增长。[①] 2014 年河南省通过与农村中小学布局调整相结合、利用农村闲置校舍改建、增设附属幼儿园等多项举措加快扩充公办学前教育资源，采取保证合理用地、适当补助等措施鼓励社会力量积极参与办园。[②] 教育部于 2015 年"三年行动计划"推进会中明确指出，把小区配套幼儿园一律办成公办园或普惠性民办园。对于留守儿童，未来教育部将推动全国各地建设一批离儿童祖父母近的寄宿制幼儿园。文献数据显示，园所占地面积尽管有一定程度的增加，但整体依然长期处于相对较低水平，且省域之间、城乡之间、区域之间差距较大。在有限的教育资源配置范围内，园所用房面积和布局应适应人口分布的变化，并根据即将入园适龄幼儿和在园幼儿人数变化趋势做出前瞻性的调整，才能保证在最有限的资源中取得最优效率。

（四）关于活动场地的研究

林静（2010）在对湖南省 12 所乡镇中心幼儿园调查发现班级规模较大，活动室内的活动不能满足孩子的需求。[③] 刘佩佩（2013）对河南洛阳家庭式幼儿园走访后发现，人均活动面积基本达标。户外活动场地中没有班级专用室外游戏场所，公用户外活动场地面积充足但户外场地绿化度不够。[④] 徐向飞（2015）对太原市星级幼儿园室外场地拥有情况进行了调查，发现不同级别园所的室外活动场地具有显著性差异，星级较低的幼儿园基本没有室外活动场地且活动场地类型较单一。[⑤] 根据上述对幼儿园活动场所的研究，园所内幼儿户外和室内活动面积不足几乎是各地学前教育的共同问题。不少园所是从其他功能用途的房屋或建筑改造而来的，因此园所设施功能不合理，活动场地面积不足，布局设施拥挤。这使幼儿在活动时受到极大的限制，不利于幼儿身心协调发展。

①　李克勤，郑准.县域学前教育资源配置评价模型及其应用 [J].学前教育研究，2014(10): 23-30.

②　孙光奇，孙刚旭.中央财政支持学前教育发展政策的调研报告 [R].中国财政，2014(8): 52-54.

③　林静.湖南省 N 县乡镇中心幼儿园建设现状研究 [D].长沙：湖南师范大学，2010.

④　刘佩佩.农村家庭式幼儿园办园条件质量研究 [D]重庆：西南大学，2013.

⑤　徐向飞.太原市幼儿园体育器材与场地现状及对策研究 [D].太原：山西大学，2015.

（五）关于教学资源的研究

刘强（2011）研究发现，导致北京幼儿入园难的原因是拥有丰富教学资源的园所供不应求，从根本说还是城乡和区域之间的学前教育资源不均衡。[①] 在优化学前教育资源配置方面，首先应提供充足且丰富的学前教育资源并通过政策得以保障实施。例如，建立学前教育资源数据库，多元有效地将园本教育资源、区域教学资源、公共教育教学资源共享在数据库中，建立多元优质学前教育资源共享交流机制。[②] 刘佩佩（2013）对农村家庭式幼儿园玩教具情况进行调查，结果显示这类园所具有部分体育类玩具，操作性建构类玩具缺失，角色类玩具严重匮乏，艺术类活动材料较为完备，科学类活动材料不足，语言类活动材料严重缺乏，电教类材料基本完备且使用率高。[③] 有研究者对生均图书量进行统计分析，发现公办、民办和城镇幼儿园2011—2013 年生均图书册数持续下降，特别是农村幼儿园生均图书册数长期处于较低水平。[④] 教学资源配置不均衡直接影响幼儿园保教质量，园所难以保证教学质量，且教学方式差距大，农村幼儿园因缺少教学资源更易出现"小学化"。[⑤]

通过对文献整理分析，发现相关研究主要集中在丰富补充或优化配置教育资源方面，研究教学资源主要集中在对幼儿园图书、录音带、操作材料等方面的研究上，操作性材料的统计维度较为模糊。

三、学前教育人力资源配置研究

（一）关于城乡师资规模的研究

研究者通过调研发现经济因素对幼儿教师数量影响显著，而且存在明显的地区分布差异，幼儿师资数量与当地经济水平成正比。上官金曼（2014）和

---

① 刘强.学前教育城乡均衡发展的理论与实践 [M].南京：南京大学出版社，2011.

② 孙贺群.论农村学前教育资源的优化与拓展——基于辽宁省农村学前教育事业发展现状的思考 [J].教育导刊（下半月），2013(12): 57-60.

③ 刘佩佩.农村家庭式幼儿园办园条件质量研究 [D].重庆：西南大学，2013.

④ 李克勤，郑准.县域学前教育资源配置评价模型及其应用 [J].学前教育研究，2014(10): 23-30.

⑤ 同①.

徐赟（2014）根据我国各地区学前教育教师的基本数据，包括学历结构、师生比，以标准差、极差、极差率和变异系数四个指标作为数据分析处理工具进行研究，发现东西部地区的学前教育人力资源配置不均衡。[①][②] 杨聪粉（2015）通过对河北的调查发现，师资队伍中，男教师分布于较少的园所且占专任教师总数的比例极低。[③] 庞丽娟等（2013）指出2012年全国学前教育师生比为1：26，即全国平均一个幼师分配26个学前儿童，这个比例在城乡有明显差距，城镇学前教育师生比为1：12，而农村地区学前教育师生比为1：44。[④] 庞丽娟等（2013）认为促进城乡幼儿园教师均衡配置，缩小城乡差距，应明确教师法律身份、规范教师编制标准、提高农村教师待遇、扩大农村教师供给量、完善培训制度等。[⑤] 经整理资料发现，有关师幼比情况的研究，大部分学者从微观的角度通过对某地、城乡之间、不同级别的园所之间或不同办园体制之间的师幼比情况来分析并探讨，且男教师数量奇缺也成为众多学者讨论的热点，不同学者对幼师数量不足的问题进行思考并提出建议或策略。

（二）关于城乡师资专业化问题的研究

学前教育师资专业水平差距主要表现在城乡高学历教师和高职称教师所占比例的差距较大。宏观层面上，学前教育师资分布失衡主要是指区域、城乡的教师分布失衡。中观层面上，公办幼儿园、城市幼儿园拥有比民办幼儿园、县城幼儿园更多更优质的教师资源。[⑥] 目前，学前教育师资队伍普遍存在年轻化、学历偏低、专业素养不高、男女师资比例差异显著等问题。张亚辉（2011）发现河南省保育员队伍性别结构单一、队伍不稳定、入职具有随

① 上官金曼，徐赟."十一五"期间全国各地区学前教师资源配置差异分析 [J]. 教师教育论坛，2014, 27(6): 81-87.

② 张晖，叶小红.江苏省幼儿园教师规模现状及其"十二五"需求预测[J].学前教育研究，2011(11): 49-54.

③ 杨聪粉.河北省幼儿园男教师需求现状问题与对策研究 [D].石家庄：河北师范大学，2015.

④ 庞丽娟，张丽敏，肖英娥.促进我国城乡幼儿园教师均衡配置的政策建议 [J].教师教育研究，2013, 25(3): 31-36.

⑤ 同上。

⑥ 姜盛祥，胡福贞.教育均衡视野下我国幼儿教师的配置与流动 [J].学前教育研究，2011(7): 26-31.

意性、生存状况堪忧且专业素养有待提高。[①] 针对学者们对学前教育资源人力资源配置方面提出的问题，一些学者给出了以下建议，总体上，建设一支高水平的学前教育教师队伍是学前教育人力资源配置的核心，只有提高幼儿园教师的社会地位，使其不断得到社会的认可和肯定，才能吸引那些热爱幼儿教师职业并且自身专业素养很强的人进入幼儿园教师队伍之中。程秀兰、王娇艳（2014）提出实践研修、理论建构、反思和跟踪研修是农村转岗幼儿师资培训的有效模式。[②] 李楠（2016）认为建立高水平的幼师队伍要从保障幼儿园教师的工资待遇和提高人们对幼师身份的认可度两方面入手，各级政府可以建立专项基金用以保障幼儿园教师的薪酬待遇，在法律上明确幼儿园教师身份，让整个社会认可幼儿园教师行业，进而尊重幼儿园教师；幼师培训开展的质量和次数与经费有着直接的联系，在教育培训方面也要建立专项资金并把幼儿园教师培训与义务教育中的继续教育归为一类，要借助培训的机会，增进城乡幼师间的交流，从而提升农村幼儿园教师的水平。[③] 因此，加强农村幼儿园教师队伍建设，需要建立保障机制、完善培训体系、加强园本教研。[④]

学前教育教师的现状分析主要从城市和农村两个层次开展，而对乡镇或城乡结合地区的探讨尚且不足。研究者对学前教育教师的现状研究比较成熟，从宏观、中观和微观的角度，从分布失衡情况、国家或地区经济发展情况、相关政策、教师素质、社会地位和待遇等方面分析了学前教育师资队伍中存在的问题。

第二节　国外学前教育资源配置研究现状

从学前教育的发展来看，美国及西方国家在学前教育方面领先于我国，特别是美国的学前教育以立法的形式来保障，是值得学习和借鉴的。在学前教育资源配置方面，我们可以从国外在人力、物力和财力教育资源配置的

① 张亚辉.河南省幼儿园保育员队伍现状研究[D].开封：河南大学，2011.

② 程秀兰，王娇艳.农村转岗幼儿教师职前培训的意义与有效模式[J].学前教育研究，2014(4)：43-48.

③ 李楠.当代我国城乡学前教育均衡发展研究的特点分析[J].宿州教育学院学报，2016，19(3)：77-78.

④ 高庆春.农村幼儿园教师队伍建设的策略研究[J].教育探索，2015(12)：48-50.

做法中汲取有利经验，将其用来发展本国教育。国外学者的研究大多强调从教育公平和资源优化配置的视角出发。针对教育资源配置现状的研究，国外采用定量研究的分析方法，其中比较研究法就是用得最多的一种。巴卢（1986）从研究方法的视角出发，认为对比分析的研究方法可以直观地看到城乡教育资源配置效率，并能有针对性地提供对策建议。

美国学者米尔顿·弗里德曼试图从经济学视角解决教育效率问题，他认为教育作为公共产品，理应由政府提供，但实践证明教育单纯由政府来配置教育资源的方式是低效的、缺乏竞争的，于是他提出了"教育券"的构想，把资源配置中的部分权力交给市场以改变资源配置方式，形成有效的竞争机制，并将"教育券"作为有效推动教育公平和促进教育资源优化配置的一种手段。罗伯特（2001）用实证研究指出"市场化"是处理中小学基础教育资源配置时的有效方法。[1]

但是，把教育资源配置权力交给市场、改变教育资源配置方式就一定能解决教育资源失衡问题吗？郝尼格（1994）从多元文化视角提出了异议，他认为美国很需要能够增强社会凝聚力的核心价值，如果把教育资源配置的权力交给市场，会使美国社会更加趋于多元化发展，这样不利于核心价值的统一，影响社会凝聚力。[2] 丘伯和默（2003）通过对比公立和私立学校在资源配置效率上的差距，认为教育资源配置需要引进市场竞争机制和有效的市场管理模式，政府应该由直接负责转化为间接把控，从而形成教育资源均衡配置的有效路径。既有市场的竞争机制和管理方式，又有政府的间接把控，才能推动资源的均衡配置。[3] 在普惠性学前教育资源配置方面，拉瑟·菲特（2011）基于优化教育资源配置视角，主张增设普惠性教育资源，加大创办园所的力度，创新普惠性学前教育课程，对普惠性学前教育提高教师专业水平设置一些具体而且操作性强的要求。[4]

① OWENS R G. Organizational behavior in education: instructional leadership and school reform (seventh edition)[M]. Boston: Allyn & Bacon, 2001: 371.

② JEFFREY H. Rethinking school choice: limits of the market metaphor[M]. Princeton, New Jensey: Princeton University Press, 1994: 46.

③ 约翰·E.丘伯，泰力·M.默.政治、市场和学校 [M].蒋衡，等译.北京：教育科学出版社，2003.

④ LASSER J, FITE K. Universal preschool's promise: success in early childhood and beyond[J]. Early Childhood Educ J, 2011(39): 169-173.

一、学前教育资源配置的相关法律法规

美国的"开端计划"在 1994 年到 2007 年先后五次颁布立法修正案。2007 年修订的内容主要涉及以下方面：①提高教育经费投入比例，增强政府对教育事业的责任感。②扩大处境不利儿童接受援助的范围。③支持师资队伍建设，提高教师专业素质。④鼓励各个教育机构之间交流协作。①《开端计划法案》的主要目的为"帮助低收入家庭的儿童做好入学准备，帮助其认知、社会性、情感等方面的发展"。《经济机会法》规定服务对象主要面向 90% 以上处境不利且年龄为 3～5 岁的儿童。美国政府于 1970 年和 1981 年先后两次将早期教育事业作为国家发展的最为迫切的项目之一。1979 年，美国国会通过了《儿童保育法》。1990 年通过了《儿童保育与发展固定拨款法》，该法案规定，2006—2010 年期间联邦政府每年拨款 29.17 亿美元作为支持早期教育发展的固定经费。② 该法案颁布后，联邦当局自 1991 年起各州每年设立发展托幼事业专款用于解决托幼事业经费的短缺问题。《社会保障法》通过两次修订案后，增加了向低收入家庭的儿童提供入托补贴的规定。财政统计显示 1992 年联邦当局在这方面的经费支出约为 15 亿美元。③

随着时代和经济的快速发展，英国政府将教育事业的发展视为振兴国力的重要内容，而早期教育作为整个教育系统的基础理应受到国家和社会的关注。随后，英国政府借鉴美国"开端计划"的内容，颁布了"确保开端计划"，即《"父母的选择，孩子最好的开端"——儿童保育的十年策略》，英国政府从保障教育公平的目的出发，认为早期教育应惠及处境不利的弱势儿童群体。基于此，英国政府当局又通过了《2004 年儿童法》《每个孩子都重要：为了孩子的变化》和《儿童法》等法律文件，逐渐促进"确保开端计划"的发展。

在该计划中，英国通过年度《预算拨款法》规定预算项目一般包括多项针对实现教育公平、保障全体儿童接受早期教育服务的权利、保障提高学前保教质量的专项拨款项目。其中，学前教育财政投入主要由儿童、学校和家

① Headstart [EB/OL]. (2016-04-02) [2021-01-21].http: //iecam.illinois.edu /about/ece-information/ Headstart html.

② LYNCH K E. The child care and development block grant: bankground and funding[Rs]. Congressional Research Service RePort for Congress, 2010.

③ 陈厚云，方明 . 美国重视发展学前教育事业 [J]. 早期教育，2002 (3): 30-31.

庭负责，《确保开端儿童中心的经费》中指出儿童中心已经成为"确保开端计划"中被认可的项目之一。"早期干预项目"从 2003 年开始对少于 31 个地方政府的当局提供经费支持。"早期干预项目"在 2012—2013 年为儿童中心提供了 2365 英镑的服务经费。

二、学前教育财力资源配置研究

（一）有关普惠性财政投入的研究

从西方教育制度产生以来，由政府财政拨款提供的公共教育已经深入人心。从 1965 年起，美国政府在财政投入上开始实行"开端计划"，并致力于推进学前儿童教育事业的发展。20 世纪 90 年代后克林顿总统为支持学前教育发展，在执政期间颁布"幼儿教育五年计划"，计划规定政府投入近 200 亿美元为早期适龄儿童提供优质的学前教育服务。[①] 随后，布什总统执政期间颁布《良好的开端，聪明地成长》，为保障处境不利的适龄儿童能够接受高质量的学前教育服务，规定自 2002 年起每年财政经费拨款的最低标准 (180 亿美元)，同时规定州政府和联邦政府每年为适龄幼儿购买最低标准的家庭教育和健康养育服务。[②] 美国联邦政府在《开端计划法案》修订案中明确规定了 2004—2008 年要在每个财政年对该项目拨款近 70 亿美元。该法案还指出财政援助明确拒绝任何对种族、肤色、信仰、性、生理缺陷或处境不利幼儿有歧视性的项目、计划或活动。奥巴马总统为了让适龄儿童能够真正享受教育公平，于 2009 年倡导"0 ～ 5 岁教育计划"，该计划主要以教育机会公平为出发点，规定当局政府每年拨款 100 亿资助各州学前教育事业。2005 年 OECD 报告显示，英国学前儿童生均经费投入稳居所有 OECD 国家之首，其中 3 ～ 6 岁适龄儿童每年生均经费已经突破 8 000 美元。[③] 自 2004 年 12 月起，英国为进一步提高学前教育质量，推出了"儿童保育的十年策

---

① White House Fact Sheet(1998).President clinton announces child care initiative [EB/OL]. (2016-04-04) [2021-01-21]. http: //archive.hhs.gov/news/press/1998pres/980107.html.

② Early childhood [EB/OL]. (2016-04-02) [2021-01-21]. http: //georgewbushwhitehouse.archives.gov/infocus/ear1ychildhood/sect3.html.

③ OECD(2005).Education at a Glance 2005: OECD Indicators[R].2005.

略"，以期给孩子最好的人生启蒙。中央政府为提高学前教育服务质量专门设立"转型基金"，要求地方政府从 2006 年起每年设立专项资金，与此同时，以儿童个人所得税形式作为保障。为使所有家庭的孩子都能接受学前教育，政府规定延长 3～4 岁儿童每年免费接受学前教育时间，增建三千余所学前教育机构，确保每个社区家庭的儿童都能够接受学前保育和教育的服务。① 英国政府规定，地方当局在分配学前教育经费时必须坚持公平公正，同时可根据地方具体情况决定分配给每个学校或儿童在一学期的经费数额。国家设立专项经费保障每个公立和私立学校或社会慈善组织的学前教育机构能够依照国家保育标准和基础阶段标准，使每个适龄儿童能够享受高质量的早期教育服务。基于此，国家主要根据每个地方政府教育年鉴中统计的学生人数乘以单位补助经费标准的总额向地方政府投入资金。②

（二）有关倾斜性财政投入的研究

美国教育财政经费投入主要由中央和地方州政府相互配合实现，联邦政府的教育经费主要分拨给处境不利的贫困或残疾儿童或家庭，州政府履行具体的儿童教育职责，负责基金的分配、管理、监督和评价等工作。美国联邦政府自 1964 年开始实施"早期开端计划"。规定至少要给 90% 以上生活贫困家庭中的 3～5 岁的儿童提供社区教育服务。利用社区的各种教育、文化、娱乐设施，人文景观和自然环境以及人力资源，对绝大多数处境不利的幼儿实施免费教育。③ 1994 年，"早期开端计划"项目开始扩大教育服务对象，将 4～5 岁的学前儿童向下延伸至贫困家庭的 2 岁幼小儿童，主要以家庭为主要服务对象。儿童营养和妇女、婴儿及儿童特别食物补充项目（简称WIC）能帮助那些贫困孕妇、产妇和营养不良儿童。自 1974 年开始，WIC

---

① HM Treasury(2004).Choice for parents, the Best Start for Children: a ten year strategy for childcare[DB/OL]. https://dera.ioe.ac.uk/5274/2/02_12_04__pbr04childcare_480-1.pdf.

② SURE STSRT.A Code of practice on the provision of free nursery education places for three and four-year-olds[DB/OL].https://www.cheshirewestandchester.gov.uk/documents/education-and-learning/early-years-and-childcare/three-and-four-year-olds/parent-contract-guidance-notes.pdf.

③ Improving head start act of 2007[DB/OL].https://www.cde.ca.gov/sp/cd/ce/documents/headstartact2007.pdf.

项目在美国成为有史以来联邦政府在营养项目上最有声望的项目之一。结果显示，WIC 项目使美国社会低收入人群提高了生育率且节省了医疗花费，改善了饮食，丰富了喂养婴儿的经验，提高了免疫和扩充了医疗护理资源，提高认知并改善了对营养问题的偏见。① "确保开端"项目优先考虑把教育和经费资源投放于处境不利的家庭和地区，在最贫困地区提供学前教育、保育、医疗和家庭支持等多项服务，资源优先向 20% 最不发达地区倾斜。《儿童计划》提出了保障儿童的快乐与健康，确保儿童的安全成长，贫困家庭中的两岁儿童能接受每周 15 小时的免费教育，帮助早教工作者专业能力的持续发展等。② 《确保开端产妇津贴》中规定适龄妇女符合条件（打算要第一个孩子或双胞胎或是已经有过孩子的妇女）可申请一次 500 ～ 1 000 英镑的母亲经费补贴。③ 英国政府提出了"教育优先发展区"的教育补偿计划，财政上对发展贫困的地区进行倾斜性补助，同时鼓励广大素质优良的教师到优先发展区进行服务，并给予一定的津贴补助。2003—2009 年期间，为保障早期教育发展项目，中央政府投资 1 600 万英镑的高额经费作为支持，旨在提高为 5 岁以下的残疾儿童及家庭提供 ECI 服务的质量。随后英国中央政府颁布《残疾儿童高目标》，设立 3.7 亿专项经费以增加为残疾儿童提供家庭教育和养育服务的时间，同时投入 3 500 万英镑的额外经费用于提高残疾儿童家庭保教质量。④

三、学前教育人力资源及物力资源配置研究

国外研究者对学前教育人力资源配置的研究大多以人力资源配置方式为出发点。布兰克诺（2015）和尤德里安（2015）认为要增设更多的教师岗位，扩充教师队伍，还要让师范类院校扩大招生规模，同时增加对幼儿园教

① How wic helps[EB/OL]. (2016-11-23) [2021-01-21]. https://www.fns.usda.gov/wic/about-wic-how-wic-helps.

② The children's plan: building brighter futures[DB/OL]. https://lx.iriss.org.uk/sites/default/files/resources/The_Childrens_Plan.pdf.

③ Sure-start-maternity-grant [EB/OL]. (2016-04-02) [2021-01-21]. https://www.gov.uk/sure-start-maternity-grant.

④ 谭丹. 英国特殊需要儿童早期干预服务理念解析[J]. 现代中小学教育，2015(1): 121-125.

师的培训，只有这样双管齐下，才能壮大教师队伍，提升教师队伍质量。[①]
克里斯托弗（2006）和斯特林哈姆（2006）认为要对幼儿园教师进行专业的
课程培训，通过颁发证书的形式来肯定受训者的能力，让其持证上岗。罗伯
特·福尔克从社会保障视角提出留住优质的教育人力资源的建议，要保障长
期留在岗位上的教师退休后所能享有的医疗服务。[②]

国外的学者认为学前教育物力资源配置要灵活，因为学前教育物力资
源的提供并不是一成不变的，因为幼儿人数总量会随着政策、市场经济等
大环境而发生改变。在学前教育资源供给方面，可以把那些现有的空置资
源充分利用起来，要根据现实需要改善环境从而提高质量，与此同时要考
虑到幼儿人数减少时的情况，做好已投入的物力资源灵活转换成其他用途
的准备。[③]

第三节　国内外学前教育资源配置研究述评

通过对以上国内外学前教育资源配置的文献进行研究，笔者从宏观、中
观和微观的层面梳理了学前教育事业的发展脉络，同时从研究者的展望中勾
勒出了发展趋势。笔者发现已有成果呈现以下三个特点。

第一，就研究对象来说，学界的研究主要以不同区域间学前教育资源配
置的差异为切入点。学前教育资源配置不均衡现象从根本上来说，会导致不
同幼儿受教育机会和受教育质量的不同。在研究的过程中，学者往往会选择
一种属性对幼儿进行分类，以生活地区为依据是常见选择。由于我国城乡二
元结构在制度上的诸多差异，城市和农村的经济、社会、教育等各方面发展
都不均衡，因此在以不同区域为切入点时，研究者常会对城市和农村的学前

① BLANKENAU W, YOUDERIAN X Y. Early childhood education expenditures and the intergenerational persistence of income[J]. Review of Economic Dynamics, 2015, 18(2): 334-349.

② DESSOFF A. Persuading teachers to go rural[J]. Review of Economic Dynamics, 2010, 46(6): 58-60, 62.

③ BAINBRIDGE J, METERS MEYERS M K, TANAKA, S, et al. Who gets an early education? Family income and the enrollment of three-to-five-year-old from 1968 to 2000[J]. Science Quarterly, 2005, 86(3): 724-745.

教育状况做比较研究，对同级行政区域之间学前教育资源配置领域的系统性对比研究则相对较少。有关学前教育的政策研究，不仅要思考学前教育资源在财政、办园条件以及师资配置方面的问题，还要思考进城乡均衡、区域均衡以及统筹发展，探讨不同模式和发展路径的问题。

第二，就研究内容来说，已有研究对学前教育人力、物力、财力资源配置三个层面都有探讨。主要集中在财政投入或分配上，或是对某地学前教育物力资源配置现状的研究，抑或是师资配置方面的研究，当然也有学者基于交叉学科对学前教育资源配置问题做了符合逻辑的理论解释和推断。尽管学前教育资源配置方面的研究取得了一些成果，但理论方面的研究还比较薄弱，研究空间还很大。同时，由于学前教育的特殊性，无法以学业成就之类的指标来测量学前教育资源配置的结果，我们在分析这些资源指标时，所评估的对象其实是幼儿园，而非学前教育最终的服务对象——幼儿。无论从制度层面看，还是从现实角度考虑，幼儿入园选择的一个重要因素是"就近"。在学前教育资源配置的研究中，学者对学前教育事业发展的财政政策、教师发展等宏观方面的研究较多。比如，对学前教育普及情况、幼儿园格局与发展情况、学前教育经费投入状况、幼儿师资状况和办园条件等方面都有不同程度的探讨。通过文献资料的统计分析发现，关于学前教育结构布局方面的研究在少数的硕博论文或教育年鉴中有所论述，专著、期刊、报告等资料较少对幼儿园结构布局进行统计或研究，缺少对学前教育资源配置模型的建构及运用。

第三，就研究方法来说，研究应从多学科、不同视角入手，在交叉学科的广度分析中把握学前教育资源配置结构形态。目前的学前教育资源配置研究，以思辨的方式进行探讨的文献占较大比重，但在理论建构方面还有待提升。在研究方法上，除了常用的规范性研究和实证性研究外，特别应该加强质性研究方法的运用，通过专访、观察和分析的方法，通过与被研究者的互动，将资料进行整理、解释。特别是对于城镇化进程和二孩政策带来的人口集聚和变化，城乡幼儿园应该怎样布局才能实现资源配置的优化研究，亟待通过研究者的前瞻性研究来推进。

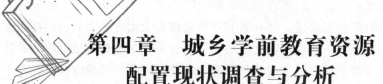

第四章　城乡学前教育资源
配置现状调查与分析

第一节　学前教育资源配置公平的衡量指标

　　教育资源配置的合理性和公平性是教育公平最核心、最具体的表现，所以对教育公平的评价，通常会选取教育资源配置进行公平性分析。对教育公平测度的很多维度和指标，就是对教育资源配置公平进行评价的维度与指标。用什么样的指标来衡量河北省 C 市学前教育资源的配置状况，是本研究必须要解决的首要问题。衡量指标的选择直接关系到能否客观、准确、全面地反映区域内学前教育资源配置的水平及差异。在指标的选择和应用中，我国学者大多基于以下三点进行考虑：第一点是研究的目的和内容。本研究主要是对河北省 C 市城乡学前教育资源配置水平进行比较分析，以此来找出 C 市城乡学前教育资源配置失衡现状的具体原因，进而解决问题。第二点是研究资料的可获得性。对学前教育资源配置的定量研究通常需要非常详实准确的数据和资料，然而受各种条件的制约，大多数研究者往往无法获得相关的资料，导致一些测量指标无法使用。第三点是学者的研究水平。一些测量指标及其所涉及的统计分析方法是相当烦琐复杂的，研究者受自身水平的限制，可能会选择一些简单易操作的测量指标。

　　通过梳理近年来一些世界经合组织（OECD）成员国的学前教育发展统计指标，发现学前教育发展统计指标主要包括生均学前教育经费、生均学前教育经费占人均国内生产总值（GDP）的比重、学前教育经费占国内生产总值的比重、幼儿园生师比、学前经费占教育总经费的比重以及学前在园人数占在校生总数的比例等。[①] 也有学者认为，衡量学前教育发展水平不仅需要考虑学前教育事业发展的规模和数量，还要考虑质量因素，而衡量教育发展质量可以采用生均教育经费作为指标。

　　通常意义上，学前教育资源包括财力资源、人力资源和物力资源。学前教育公平，在根本上是保障每个幼儿受教育质量的公平，也就是要求幼儿园提供的生活和学习环境、师资水平和园舍设施设备等达到一定的标准。教育经费是保障幼儿园教育质量的前提条件，只有获得足够的教育投入，才能吸引充足数量的优秀教师，才能为幼儿园装备品质优良的硬件设施，而这些又是保证学前教育质量的重要因素。基于城乡学前教育公平和学前教育资源配置的内涵与特征，根据实际数据的可获得性及代表性，本研究拟选取以下指标作为衡量标准，构建出一套具有一定可操作性和可比较性的评价指标，如表4-1所示。

表4-1　城乡学前教育资源配置评价指标

一级指标	二级指标	
财力资源配置	财政预算内学前教育经费占学前教育总经费的比例	
	生均学前教育经费指数和生均公共财政预算经费指数	
人力资源配置	师幼比	
	学历结构（占比与差异）	
	年龄结构（占比与差异）	
	职称结构（占比与差异）	
	参加培训情况	
物力资源配置	办园规模	办园规模
	生均园舍建筑面积	生均园舍建筑面积
		生均室外活动场地面积
		教室占地面积
		寝室占地面积
	玩教具配置情况	生均图书量
		班级区角数量
		班级操作材料投放

① 崔方方，洪秀敏.我国学前教育发展区域不均衡：现状、原因与建议[J].教育发展研究，2010, 30(24): 20-24.

　　财力资源配置指标主要反映的是各县（市、区）每年投入学前教育的经费状况。考虑到数据的可获得性因素，这一类的具体指标有两个：一是财政预算内学前教育经费占学前教育总经费的比例，这主要是考察政府在当地学前教育事业发展中所处的地位以及发挥的作用；二是生均学前教育经费指数和生均公共财政预算经费指数，它可以反映在不同经济发展水平和物价水平下各县（市、区）生均学前教育总经费的投入水平。

　　人力资源配置指标反映的是各县（市、区）学前教师的配置状况，它的五个具体指标分别是师幼比、学历占比与差异、年龄占比与差异、职称占比与差异、参加培训的教师占比与差异。选取这五项作为实证研究分析的依据是因为师幼比即每个教师平均负责的幼儿人数，可以考察教师数量的充足性，能在一定程度上体现一所幼儿园的师资力量；学历情况、年龄结构、职称结构以及教师参加培训的次数、培训层次情况在很大程度上反映了一所幼儿园的师资水平。

　　物力资源是幼儿园开展学习和生活必不可少的物质基础，也能反映幼儿园的教育质量，这里主要分析城乡园所数量、园舍建筑面积、生均室外活动场地面积、教室占地面积、寝室占地面积、生均图书量、班级区角数量、班级操作材料投放等几项指标。

　　本研究主要对 C 市 2 区、4 县（市）的 43 所农村幼儿园和 39 所城区幼儿园的财力资源、人力资源和物力资源等指标进行分析，以期从微观层面了解我国城乡学前教育公平的现状。

第二节　城乡学前教育财力资源配置现状分析

一、C 市城乡学前教育财力资源配置的差异比较

　　学前教育目前尚未纳入义务教育阶段，其经费来源渠道呈多元化，包括公共财政预算教育经费、各级政府征收用于教育的税费、企业办学中的企业拨款、校办产业和社会服务收入用于教育的经费、其他属于国家财政性的教育经费、民办学校中举办者投入、社会捐赠经费、事业收入和其他收入。[①]

---

① 教育部发展规划司 . 中国教育统计年鉴 2012[M]. 北京：人民教育出版社，2013:613-614.

国家政策明确提出了学前教育发展中政府的主导性职责，而政府的主导性主要通过经费投入来实现和体现。因此，分析不同县（市、区）财政预算内学前教育经费占学前教育总经费的比例，能清晰地了解政府对学前教育发展的重视程度和努力程度。政府对学前教育的态度是城乡学前教育发展水平差异的关键因素。

由图 4-1 可见，C 市 2 区、4 县（市）学前教育财政预算内经费占总经费的比例分别为 H 县（71.10%）、R 市（66.68%）、Q 县（65.89%）、Y 区（29.30%）、B 市（28.14%）、X 区（25.14%）。在调查的 6 个样本中，H 县、R 市、Q 县学前教育财政预算内经费占学前教育总经费的比例为 60%～70%，而 Y 区、B 市和 X 区的占比则仅为 25%～30%，这既说明了 C 市的 H 县、R 市、Q 县市场资本在学前教育领域占据了较重要的地位，又表明了 C 市政府在学前教育领域尚未起到主导性的引领作用。值得一提的是，作为相对贫穷落后的 H 县学前教育预算内投入占 71.10%，比经济强市 R 市、Q 县还要高，这一点是非常难能可贵的。

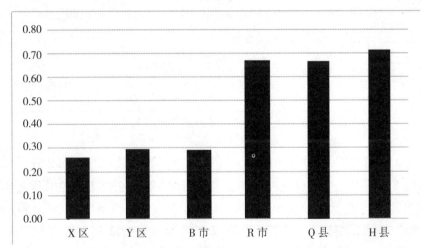

图 4-1　2019 年 C 市 2 区、4 县（市）学前教育财政预算内经费占总经费的比例图

《国务院关于当前发展学前教育的若干意见》（国发〔2010〕41 号）中的一个重要举措就是要求地方政府构建学前教育公共服务体系，保证学前教育公益性和普惠性。[①] 学前教育财政资源作为教育资源的重要部分，是学前

①　国务院 . 国务院关于当前发展学前教育的若干意见 [EB/OL]. （2010-11-24）[2021-01-21]. http://www.gov.cn/zhengce/content/2010-11/24/content_5421.htm.

教育事业发展过程中人力和物力的表现。在经费投入方式上，提倡创新学前教育经费投入体制，多渠道投入学前教育事业。从以往的研究成果看，不少学者认为投入经费越多越有利于学前教育发展，若站在功利主义的角度分析，此问题将导致学前教育经费投入体制具有明显的随意性和弹性，使经费投入体制出现讨价还价的余地。

表 4-2 报告了 2017—2019 年 C 市城乡学前教育生均教育经费情况，由于受国家政策以及"三年行动计划"的影响，C 市学前教育经费的来源主要有政府公共财政预算经费、政府性基金预算安排的教育经费、企业拨款、社会服务收入、个人投资以及社会捐赠等。从数据看，近三年生均教育经费呈现快速大幅度提高。从平均数来看，城区生均教育经费约为农村的 2.05 倍；从标准差看，城区近三年学前教育生均经费离散程度显著高于农村；对城乡近三年生均学前教育经费进行 t 检验，发现两组数据呈现显著性差异（t=6.157，P=0.004<0.01），城区学前教育生均经费（M=10 559.09，SD=1 480.94）显著高于农村（M=5 150.54，SD=201.77）。

表4-2　2017—2019年C市城乡学前教育生均教育经费差异统计

园　　所	2017 年	2018 年	2019 年	M	SD	t	P
城区	8 961.78	10 828.95	11 886.54	10 559.09	1 480.94	6.157	0.004**
农村	4 786.38	5 182.05	5 483.19	5 150.54	201.77		

注：数据来源于 C 市财政数据统计资料；**P<0.01。

表 4-3 报告了 2017—2019 年 C 市城乡学前教育生均公共财政预算教育经费的支出情况，从中可见"十三五"期间城乡生均公共财政性预算每年均呈现不同幅度的上涨。其中，城区 2017 年是 4 898.39 元，到 2019 年增长到 7 831.55 元，增长了 1.6 倍；农村 2017 年是 1 058.02 元，到 2019 年增长到 2 973.27 元，增长了 2.8 倍；从城乡平均值看，城区生均公共财政预算是农村的 3.1 倍；从标准差看，城区经费离散程度仍明显大于农村。学前教育财政投入比例是衡量学前教育财政投入规模的重要指标，财政性教育经费在城乡园所之间的分配是学前教育经费管理体制的重要内容。对 C 市城区和农村生均公共财政预算情况进行 t 检验，结果发现两组数据呈现显著性差异（t=4.275，P=0.013<0.05），城区学前教育生均公共财政预算（M=6 390.42，SD=1 467.24）显著高于农村（M=2 061.33，SD=960.89）。

表4-3　2017—2019年C市城乡学前教育生均公共财政预算经费差异统计

园　所	2017 年	2018 年	2019 年	M	SD	t	P
城区	4 898.39	6 441.33	7 831.55	6 390.42	1 467.24	4.275	0.013*
农村	1 058.02	2 152.69	2 973.27	2 061.33	960.89		

注：数据来源于 C 市财政数据统计资料；*P<0.05。

　　"三年行动计划"是我国目前最大规模的学前教育专项经费投入，它是在"入园难、入园贵"的呼吁下，在多年学前教育事业踯躅前行的背景下出台的，它带有时代发展的印记，也自然带有时代的局限性。表 4-4 呈现了城乡学前教育园长关于本园经费情况的调查。通过对 82 份城乡园长对本园财政情况的反馈进行 t 检验，结果发现（t=2.107，P=0.038 < 0.05），城区幼儿园经费（M=3.36，SD=1.16）与农村幼儿园经费（M=2.86，SD=1.18）呈现显著性差异。从上述关于城乡生均教育经费和财政性教育经费情况看，虽然政府财政拨款逐年增加，但城乡差异依然显著。城乡财政"分配"和"配置"的概念虽已经初步形成，但关于如何补贴弱势园所的财政体制并不完善。

表4-4　C市城乡幼儿园经费调查分析

园　　所	非常充足	比较充足	一般	比较不足	非常不足	M	SD	t	P
城区	9	8	10	12	0	3.36	1.16	2.107	0.038*
农村	3	10	13	10	7	2.86	1.18		

注：数据来源于园长调查问卷；*P<0.05。

二、C 市城乡学前教育财力资源配置的访谈分析

　　合理的财政投入体制是促进学前教育均衡发展的重要途径。我国于 2010 年颁布《国家中长期教育改革和发展规划纲要（2010—2020 年）》明确指出学前教育发展要"以政府主导"。因此，学前教育财政投入的原则也应"以政府投入为主"。《国务院关于当前发展学前教育的若干意见》也明确规定公办幼儿园生均经费标准和生均财政标准。基于此，本节对 C 市城乡学前教育财政投入情况主要从财政投入倾斜性和教育经费有效利用情况进行分析。

（一）从财政投入倾斜性中审视学前教育财力资源配置公平

乡镇政府由于行政级别最低，经常面临经费来源不足、财政赤字和债务突出等问题。此外，乡镇政府还需支付农村地区的学前教育，财权与事权不对等也加剧了城乡学前教育水平的差距。[①] 笔者在调研过程中也发现教育经费在城乡配置上存在巨大差异，从教育公平角度看，这样的分配方式严重影响了农村幼儿接受优质教育的权利。据调查，2019 年 C 市 2 区、4 县（市）学前教育财政投入约为 7.21 亿元，但这些资金中将近 70% 的经费投入了城区和县镇以上幼儿园。如表 4-5 所示，农村学前教育发展只能依靠乡镇微薄的财政拨款，所以农村学前教育发展主要通过向幼儿收取保教费用来维持，而这些费用主要来自农村家庭经费支出。

表4-5　2019年C市2区、4县（市）城乡学前教育财政投入占比

县（市）区	财政投入总数	幼儿园总数	在园幼儿总数	城区幼儿园财政投入占比（%）	农村幼儿园财政投入占比（%）
C 市 Y 区	137 549 326	84	12 702	79.32	20.68
C 市 X 区	73 997 403	52	8 257	78.37	21.63
C 市 B 市	101 630 268	132	19 612	62.11	37.89
C 市 R 市	214 960 752	272	32 272	60.21	39.79
C 市 Q 县	150 531 172	95	12 664	71.84	28.16
C 市 H 县	42 264 420	26	7 708	72.27	27.73
合计	720 933 341	661	93 215	70.69	29.31

注：数据来源于 C 市财政数据统计资料。

访谈资料 1：

C 市教育局财务科 M 科长：每年对幼儿园的公共财政拨款很少，因为本身它不属于义务教育。尽管"三年行动计划"针对学前教育发展提出了不少政策，但就财政方面来说，每年学前教育财政经费主要拨给公办园，也就那么几所公办幼儿园会得到这些经费，其他的幼儿园就算有，也只是极个别的民办园，而且资金非常少。

[①] 袁桂林.中国农村教育发展指标研究[M].北京：经济科学出版社，2009：273.

C市教育局基础教育科S科长：一个镇可能只有一两所公办园，虽然现在要求乡镇需要有一定数量的中心园，但这种中心园并不一定是政府出资开办，有的是将办园质量相对较好的民办园划分为中心园，在物力和人力上并没有给予太多的支持。

　　Q县教育局学前教育股Z股长：由于我们县地方财力十分有限，发展学前教育最主要的问题是教育投入不足，项目支持力度、资金额度不够，幼儿园基础设施建设资金缺口大，欠账较多。

　　B市教育局学前教育股R股长：我们这儿的学前教育最近两年才开始发展，但还处于发展的初级阶段，财政投入还是不足。城区的幼儿园办园条件和资金投入相对比较充分，越往下面，发展越不好，希望国家能加大对我们这儿的资金扶持力度。

　　城区公办园J园长：作为公办园，在教育经费上还是比较充足的，去年政府给我们拨了大概有210万的教育经费。

　　农村公办园W园长：因为我们是附属幼儿园，所以每年政府拨给我们的经费都是跟所附属的小学连在一起的。我们需要经费的时候就去申请，去年我们大概用了3万多的经费。

　　学前教育投资对政府、社会、家庭以及幼儿本身都具有较高的收益性。然而，长期以来"排他性"最直接的例子就是在学前教育经费分配上，政府经费投入严重向城区倾斜的政策很大程度上造成了农村学前教育发展滞后的现状。从接受访谈的教育局相关负责人处了解到，在学前教育公共财政性经费方面，农村公办园每年的经费相对于城区来说非常有限。尽管"三年行动计划"给予了农村学前教育发展很多的政策支持，但从城区和农村两所公办园负责人处了解到的所拨经费情况，差异仍然十分明显。

（二）从经费有效利用中审视学前教育财力资源配置公平

　　近年来"三年行动计划"中C市教育局积极协调发改委、土地局、规划局、财政局等有关单位投入学前教育建设中，每年提供专项资金支持，有效地解决了农村学前教育发展面临的资金瓶颈问题。发展学前教育的经费得到解决后，如何有效利用经费成为实现城乡学前教育最优发展的关键问题。

　　访谈资料2：

　　农村民办园Q园长：去年评上"普惠园"以后，政府给我们配备了3万元的玩教具。作为民办园，政府能够给予我们如此大的支持和鼓励，我们感到很高兴。但配备的玩教具有的跟我们之前购买的重复了，发下来就放到仓库去了，等那批不能用了再换新的。

X 区教育局幼教科 Z 科长："三年行动计划"给我们市学前教育发展带来了许多好的政策，但在推进过程中也发现一些问题。比如，财政上拨很多款用于改扩建幼儿园，目前农村学前教育发展需要改扩建新园，对于城区来说幼儿园数量已经饱和了，现在应主要解决如何提升园所质量和专业水平的问题，但这笔钱又拨给城区，造成了财政资源的浪费。

从学前教育财政投入角度看，"三年行动计划"中政府通过投入大量专项资金用来改扩建幼儿园以缩小城乡差距。财政补助政策仍以"标准""统一"等方式分配，进而导致城区和农村中有的园所获得的政策奖补并非是本园所需。城区幼儿园数量已经基本饱和，能够满足城区常住适龄幼儿的入园问题，不需要再增加或改扩建幼儿园。而办园质量、教师素质、课程实施等方面正是城区园所需要提升的部分。农村幼儿园对于政府统一采购的玩教具与园所购置的重复这一问题又不敢反映，担心影响以后政府对自己园所的优惠照顾。"重效率""轻分配""缺管理"的经费投入体制使一些学前教育相关部门人浮于事，造成资金的浪费。这种"既缺经费又浪费经费、既没钱又乱花钱"的状况降低了教育经费使用的社会效益和经济效益。[①]

第三节　城乡学前教育人力资源配置现状分析

高质量的师资配置是幼儿园发展的核心竞争力，是学前教育软实力发展的关键。在推进学前教育资源均衡配置的过程中，除了要加强和改善薄弱地区硬件方面的配置外，建设一支具有专业素养的学前教师队伍对促进城乡学前教育公平也具有决定性意义。

一、C 市城乡学前教育师幼比差异比较

生师比是指在园幼儿人数与专任学前教育教师总数之比，也可以理解为每个教师平均要负责的幼儿人数。这个指标可以考察各地区学前教师资源数量方面的差异性，过高的生师比意味着师资紧缺。与其他基础教育阶段的师

---

① 彭正梅.论我国幼儿教育经费财政投入体制 [J].经济研究导刊，2013 (17)：190-191.

资配置方式不同，学前教育阶段的教师不存在走班教学的情况，而是固定在一个班级任教，通常是两位教师合作教学。由于学前教育阶段幼儿年龄较小，生活、学习等方面都需要教师的细心照料，所以在一定范围内生师比越低，越能保障幼儿教师良好的工作状态，越能保证学前教育的质量。

截至 2019 年，C 市在园幼儿总数一共有 255 500 人，幼儿教师总数为16 640 人。C 市幼儿园教师总数和幼儿人数在近三年内总体呈缓慢上升趋势，如表 4-6 所示。从总体数量上看，C 市 2017—2019 年学前教育师幼比分别为 1：16.4、1：16.4 和 1：15.4。虽然师幼比在近三年缓慢下降，但全市园所整体上尚未达到《幼儿园教职工配备标准（暂行）》条例中规定的1：5～1：7，学前教育师幼比仍然差距较大。

表4-6　2017—2019年C市学前教育师幼比总体情况　（单位：人）

年　份	在园幼儿人数	幼儿园教师人数	师幼比
2017 年	203 483	12 376	1：16.4
2018 年	217 956	13 281	1：16.4
2019 年	255 500	16 640	1：15.4

注：数据来源于 C 市教育统计年鉴。

（一）C 市学前教育师幼比差异分析

经过调查，表 4-7 呈现出的数据说明 C 市城区、农村地区师幼比例发展不平衡，地区差异较大。2019 年 C 市 2 区、4 县（市）城区学前教育师幼比均在 1：9.5 以上，平均在 1：10.9 左右；农村学前教育师幼比最高均在 1：13.6 以上，平均在 1：19.4 左右。从整体上看，C 市 2 区、4 县（市）学前教育师幼比未达到 1：5～1：7 的标准要求。从空间上看，C 市 2 区、4 县（市）农村学前教育师幼比较城区普遍偏高，尤其 H 县成为城乡学前教育师幼比最高的地区，城区学前教育师幼比最高为 1：23.7，农村学前教育师幼比最高为 1：25.3，远远高于 2 区、4 县（市）的平均师幼比。除了 H县，城区师幼比由高到低依次为 Q 县、X 区、B 市、Y 区和 R 市，农村师幼比由高到低依次是 B 市、Q 县、R 市、Y 区和 X 区。

表4-7　2019年C市2区、4县（市）学前教育师幼比总体情况

县（市）区	城　区			农　村		
	幼儿园教师数	在园幼儿数	师幼比	幼儿园教师数	在园幼儿数	师幼比
Y 区	775	7 789	1：10.1	21	348	1：16.6
X 区	1 128	11 775	1：10.4	68	927	1：13.6
B 市	1 065	11 092	1：10.4	412	8 520	1：20.7
R 市	1 666	15 828	1：9.5	867	16 444	1：19.0
Q 县	633	7 331	1：11.6	281	5 333	1：19.0
H 县	262	6 217	1：23.7	59	1 491	1：25.3
合计	5 529	60 032	1：10.9	1 708	33 063	1：19.4

注：数据来源于 C 市 2019 年教育统计年鉴。

通过整理 2017—2019 年 C 市城乡学前教育教师和在园幼儿数量的数据，主要分析城乡生均教师差异和师资配置情况，统计分析结果如表 4-8 所示。

表4-8　2017—2019年C市学前教育师幼比差异分析

园　所	2017 年	2018 年	2019 年	M	SD	t	P
城区	0.068 7	0.084 2	0.090 2	0.08	0.012	4.743	0.009**
农村	0.046 8	0.050 7	0.051 7	0.05	0.005		

注：数据来源于 C 市教育统计年鉴；**P<0.01。

由表 4-8 可知，2017—2019 年城区生均教师系数普遍高于农村。但从自身发展的角度看，城乡幼儿教师数量处于上升趋势。从平均值看，2017—2019 年城区生均教师约为农村的 1.6 倍；从标准差看，城区生均教师的离散程度要高于农村。《幼儿园工作规程》中对班额明确规定"小班 25 人，中班 30 人，大班 35 人，混合班 30 人"。[1] 按照这些文件的规定，我国幼儿园教师与幼儿的比例应不低于 1：16。[2] 那么生均教师数为 0.0625，城区生

① 中华人民共和国教育部.幼儿园工作规程[EB/OL].（2016-01-05）[2021-01-21].http://www.moe.gov.cn/srcsite/A02/s5911/moe_621/201602/t20160229_231184.html.

② 庞丽娟.中国教育改革30年（学前教育卷）[M].北京：北京师范大学出版社，2011：198.

均教师数近三年已经达标，而农村生均教师数还远不及标准。对城区和农村生均教师情况进行 t 检验，结果发现两组数据呈现显著性差异（t=4.743，P=0.009<0.01），城区生均教师情况（M=0.08，SD=0.012）显著高于农村（M=0.05，SD=0.005）。

针对上述 C 市城乡学前教育师幼比例状况，进一步调查城乡幼儿园师资配备情况。我国教育部印发的《幼儿园教职工配备标准（暂行）》中明确指出"全日制幼儿园每班配备 2 名专任教师和 1 名保育员，或配备 3 名专任教师"。结合 507 份教师问卷调查，C 市城乡学前教育师资配备结果如表4-9所示。

表4-9 C市2区4县（市）城乡师资配备情况调查分析

园 所	两教一保	一教一保	两名教师	一名教师或保育员	其 他	χ^2	df	P
城区	216	1	0	0	1	456.553	4	0.000***
农村	12	243	15	19	0			

注：数据来源于教师问卷；***P<0.001.

由表 4-9 可知，城乡学前教育师资配备情况差异十分显著，城区主要是"两教一保"的配备方式，而农村师资配备方式较为多样化，"一教一保"形式较为多见。对城区和农村学前教育师资配备方式进行卡方检验，结果发现两组数据呈现显著性差异（χ^2=456.553，df=4，P=0.000<0.001）。从 C 市城乡学前教育师资配备情况看，城区基本能够达标，但农村能够实现"两教一保"或"三名教师"的园所仅占所调研的 4.15%。可见，农村幼儿师资配备远没有达到标准水平。

（二）C市学前教育师资学历差异分析

近些年，我国整体教育水平的提升，社会对学前教育的日益重视，对学前教师的学历水平要求越来越高，各类幼儿师范学校也纷纷发展为高等专科院校，因此本研究将达标的学前教育专任教师的学历设定为专科及以上。学前教育专任教师学历达标率是指拥有研究生、本科和专科等学历的学前教育专任教师占总体学前教育专任教师的比例。这项指标可以衡量学前教师的素质和专业化水平。专任教师的质量和专业化程度是决定学前教育质量的关键因素，也是关乎学前教育过程公平的重要因素。

1.C市城乡学前教育教师学历概况

由表4-10可以看出，目前C市城乡学前教育教师学历整体上结构不尽合理，2019年城乡学前教育教师总数为16 640人，其中专科毕业教师人数最多，共9 753人，占学前教育教师总数的58.61%；高中学历3 565人，占教师总数的21.42%；本科学历教师3 110人，占教师总数的18.69%；高中以下学历教师196人，占教师总数的1.18%；研究生学历的教师最少，仅16人。城区教师学历达标率为81.00%，农村教师学历达标率仅为68.99%，学前教育师资平均学历达标率为77.40%。

表4-10 2019年C市城乡学前教育教师学历统计表

园　　所	研究生	本　科	专　科	高中（或中专）	高中以下	达标率/%
城区/人	16	2 341	7 078	2 140	73	81.00
农村/人	0	769	2 675	1 425	123	68.99
合计/人	16	3 110	9 753	3 565	196	77.40
占比/%	0.10	18.69	58.61	21.42	1.18	

注：数据来源于C市教育统计年鉴。

对C市城乡学前教育教师学历结构进行对比，具体如图4-2所示。

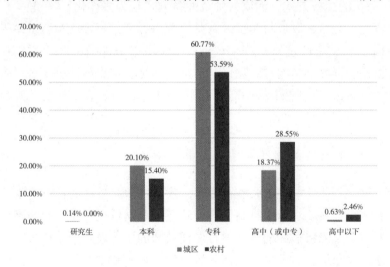

图4-2 C市城乡学前教育教师学历结构对比图

由图4-2可以看出，城区学前教育教师专科及以上学历所占比例比农村教师要高得多，农村学前教育教师大部分是大专学历和高中学历（或中专），城区教师的平均学历水平明显高于农村教师，农村教师学历层次整体偏低。学前教育教师的质量除了与专业的技能和素养有关外，也与学历的高低成正比。因此，改善城乡学前教育教师的学历结构，积极引进高学历人才，提升高学历教师在学前教育教师队伍中的比重，是提高幼儿园办学水平和教学质量的关键。

2.C市城乡学前教育师资学历差异

表4-11　2017—2019年C市城乡学前教育教师专科以上学历人数差异比较

园　所	2017 年	2018 年	2019 年	χ^2	df	P
城区	7 653	8 876	9 435	150.865	2	0.000***
农村	1 875	2 766	3 444			

注：数据来源于C市教育统计年鉴；***P<0.001。

表 4-11 报告了 C 市城乡学前教育教师学历差异情况，本数据主要统计了专科（包括专科）以上学历的教师人数。从数据显示情况看，2017—2019年城乡专科以上学历的教师人数呈现快速稳步增长。城区专科以上学历人数平均值显著高于农村，但农村学历人数离散程度高于城区。教师学历情况能从侧面反映幼儿教师的职业能力和专业水平，对城乡学前教育教师专科以上学历人数进行卡方检验，结果发现，两组数据呈现显著性差异（χ^2=150.865，df=2，P=0.000<0.001）。

较高的学历层次水平能够为学前教师专业素质和教育实践水平的提高提供基础性的保障。一般而言，高学历的学前教师有着较为扎实的理论基础，秉持较为科学的儿童观，能够更好地为学前教育事业的发展服务。表 4-12 呈现了 507 份 C 市城乡学前教师学历水平情况调查问卷结果。从调查数据看，目前城区教师学历出现的频数主要集中在专科和本科，占到 93%；农村教师学历出现的频数主要集中在高中（或中专）和专科，占到 79%；农村教师学历偏低情况较为明显，其中高中学历以下人数占 18%。通过对城区和农村学前教师学历人数情况进行卡方检验，结果发现，两组数据呈现显著性差异（χ^2=194.827，df=4，P=0.000<0.001）。

表4-12　2019年C市城乡学前教育师资学历调查分析

园　　所	研究生	本　科	专科	高中／中专	高中以下	χ^2	df	P
城区	2	58	144	14	0			
	0.9%	26.6%	66.1%	6.4%	0%	194.827	4	0.000***
农村	0	7	96	133	53			
	0%	2.4%	33.2%	46.1%	18.3%			

注：数据来源于教师调查问卷；***P<0.001。

（三）C 市城乡学前教育师资职称差异分析

职称评定是对教师工作学习的显性的认可制度，主要包括教师在任职期间的年度考核、学历、专业技术职务，任职资格证书、民主测评汇总表以及论文发表情况。它在一定程度上反映了教师工作中的职业素质水平。职称结构直接影响整体队伍专业效能的发挥，合理的职称结构更应在各层次设置上注重专业素养和职业效能的发挥，并从整体上把握其职位设置的数量与质量。[1]

1.C 市城乡学前教育教师学历概况

由表 4-13 可以看出，目前 C 市城乡学前教育教师职称结构整体上有待完善改进，截至 2019 年，城乡学前教育教师统计总数为 16 640 人，其中未定级的教师最多，共 11 118 人，占城乡学前教育教师总数的 66.81%；中级职称 2 402 人，占教师总数的 14.44%；助理级职称教师 2 219 人，占教师总数的 13.34%；员级职称教师 541 人，占教师总数的 3.25%；副高级职称教师 358 人，占教师总数的 2.15%；正高级职称的教师最少，整个 C 市仅有 2 人。从职称结构分布看，这是一个非常不合理的结构，尤其是学前教育教师队伍中高级职称明显偏少，而未定级的教师比例又太高，给教师专业成长和梯队建设带来巨大的困难。

---

[1] 肖正德，林正范.农村教师的发展状况和保障机制研究 [M].杭州：浙江大学出版社，2014: 109.

表4-13　2019年C市城乡学前教育教师职称统计表

园　所	正高级	副高级	中　级	助理级	员　级	未定级
城区／人	2	209	1 516	1 391	337	8 193
农村／人	0	149	886	828	204	2 925
合计／人	2	358	2 402	2 219	541	11 118
占比／%	0.01	2.15	14.44	13.34	3.25	66.81

注：数据来源于 C 市教育统计年鉴。

对 C 市城乡学前教育教师职称结构分别整理进行对比，具体如图 4-3 所示。

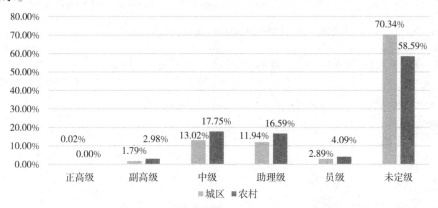

图 4-3　C 市城乡学前教育教师职称结构对比图

由图 4-3 对比可以发现，城区学前教育教师未定级的比例高于农村教师，而已经拥有职称的教师中农村教师比例高于城区，这种现象与城区近几年大量招聘新教师充实教师队伍有直接关系。综合城乡各职称的教师比例，发现教师高级职称在教师队伍的所占比重都有待提高。

2.C 市城乡学前教育师资职称差异

通过整理 C 市城乡学前教育师资职称数据，笔者主要从两个方面进行分析，一个是城乡教师拥有职称的人数及其差异分析，另一个是城乡教师职称调查分析，具体统计分析结果如表 4-14 所示。

表4-14　2017—2019年C市城乡学前教育教师职称差异分析

园　所	2017 年	2018 年	2019 年	χ^2	df	P
城区	2 387	2 765	3 455	52.203	2	0.000***
农村	1 048	1 642	2 067			

注：数据来源于 C 市教育统计年鉴；***P<0.001。

由表 4-14 可以看出，C 市城乡学前教育教师拥有职称的人数差异情况。根据数据显示，城乡拥有职称的教师人数呈逐渐上升的趋势。对城乡拥有职称教师人数进行卡方检验，结果发现，两组数据呈现显著性差异（χ^2=52.203，df=2，P=0.000<0.001）。

对有效回收的 507 份调查问卷进行统计，结果如表 4-15 所示。

表4-15　C市城乡学前教育教师职称调查分析

园　所	正高级	副高级	中　级	助理级	员　级	未定级	χ^2	df	P
城区	0	18	38	58	19	85	55.189	4	0.000***
	0%	8.3%	17.4%	26.6%	8.7%	39.0%			
农村	0	4	22	36	40	187			
	0%	1.4%	7.6%	12.5%	13.8%	64.7%			

注：数据来源于教师调查问卷；***P<0.001。

从调查数据的统计情况看，城乡学前教育教师拥有职称的情况并不乐观。其中，农村学前教育教师拥有职称的人数（员级及以上）仅占 35.3%，城区学前教育拥有职称的教师占 61.0%，城区学前教育教师拥有职称的比例是农村教师的 1.73 倍。通过对城区与农村学前教育职称情况进行卡方检验，结果发现，两组数据呈现显著性差异（χ^2=55.189，df=4，P=0.000<0.001）。

（四）C 市城乡学前教育师资年龄差异分析

1.C 市城乡学前教育教师年龄结构概况

整理 C 市学前教育教师年龄结构结果（表 4-16）发现，25 ~ 29 岁教师人数最多，共计 4 211 人，占教师总数的 25.31%；24 岁以下的学前教育教师 3 198 人，占教师总数的 19.22%；30 ~ 34 岁教师 3 038 人，占教师总数的

18.26%。随着年龄增长，教师人数占比依次减少，分别是 35 ～ 39 岁教师 2 260 人，占比 13.58%；40 ～ 44 岁教师 1 641 人，占比 9.86%；45 ～ 49 岁教师 1 031 人，占比 6.20%；50 ～ 54 岁教师 1 027 人，占比 6.17%；55 ～ 59 岁教师 215 人，占比 1.29%；60 岁及以上教师共计 19 人，占比 0.11%。整体来看，C 市学前教育教师资源具有年轻化特征，45 岁以下中青年教师占据比例高达 86.23%，年龄结构比较合理。

表4-16 2019年C市城乡学前教育教师年龄统计表

园 所	24 岁及以下	25 ～ 29 岁	30 ～ 34 岁	35 ～ 39 岁	40 ～ 44 岁	45 ～ 49 岁	50 ～ 54 岁	55 ～ 59 岁	60 岁及以上
城区 / 人	2 733	3 039	2 065	1 512	1 047	655	503	75	19
农村 / 人	465	1 172	973	748	594	376	524	140	0
合计 / 人	3 198	4 211	3 038	2 260	1 641	1 031	1 027	215	19
占比 /%	19.22	25.31	18.26	13.58	9.86	6.20	6.17	1.29	0.11

注：数据来源于 C 市教育统计年鉴。

对 C 市城乡学前教育教师年龄结构分别整理并对比，具体如图 4-4 所示。

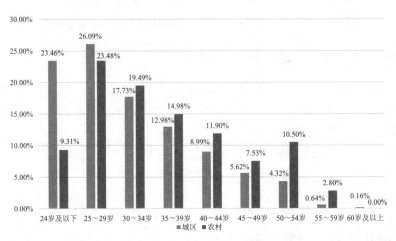

图 4-4 C 市城乡学前教育教师年龄结构对比图

由图 4-4 的对比可以看出，城区学前教育教师年龄结构人数比例由高到低排序为 25 ～ 29 岁、24 岁及以下、30 ～ 34 岁、35 ～ 39 岁、40 ～ 44 岁、45 ～ 49 岁、50 ～ 54 岁、55 ～ 59 岁以及 60 岁及以上；农村学前教育教师年龄结构人数比例由高到低排序为 25 ～ 29 岁、30 ～ 34 岁、35 ～ 39 岁、40 ～ 44 岁、50 ～ 54 岁、24 岁及以下、45 ～ 49 岁、55 ～ 59 岁。城区学前教育教师在 24 岁及以下、25 ～ 29 岁和 60 岁及以上三个年龄阶段人数比例高于农村，在 30 ～ 59 岁年龄区间人数比例都低于农村。目前，学者主张幼儿园教职工年龄比例以老中青之比 1：3：6 或 2：4：4 为佳（老中青年龄界定为老年 55 岁及以上，中年 45 ～ 54 岁，青年 44 岁及以下），C 市城区学前教育教师老中青之比为 94：1 158：10 396，农村学前教育教师老中青之比为 140：900：3 952，没有达到 1：3：6 或 2：4：4 的比例要求。从整体上看，C 市学前教育教师队伍以青年教师为主，45 岁以下青年教师在学前教育教师队伍里占比高达 86.23%。

2.C 市城乡学前教育师资年龄差异

表 4-17 报告了 C 市 2017—2019 年城乡学前教育教师年龄差异情况，本数据主要统计了青年（44 岁及以下）教师人数。从数据显示情况看，2017—2019 年城乡青年教师的人数呈现快速稳步增长。对城乡学前教育青年教师人数进行卡方检验，结果发现，两组数据呈现显著性差异（χ^2=76.096，df=2，P=0.000<0.001）。

表4-17　2017—2019年C市城乡学前教育教师年龄差异分析

园　　所	2017 年	2018 年	2019 年	χ^2	df	P
城区	6 963	8 674	10 396	76.096	2	0.000***
农村	2 031	2 835	3 952			

注：数据来源于 C 市教育统计年鉴。

从表 4-18 的统计情况看，城区学前教育队伍中 24 岁以下教师占比最高，为 26.61%；其次是 30 ～ 34 岁年龄段教师 56 人，占比为 25.69%。农村教师队伍中 25 ～ 29 岁年龄段教师占比最高，为 19.72%，其次是 30 ～ 34 岁年龄段教师占比为 19.38%。30 岁以下城区年轻教师占比为 43.12%，农村年轻教师占比为 31.48%，说明 30 岁以下年轻教师已经成为城乡学前教育师资队伍的主力军；作为学前教育中坚力量 30 ～ 40 岁的教师城区占比为

39.91%，农村占比为 35.30%；年龄段在 40～50 岁的城区学前教育教师比例是 12.84%，农村教师则占比为 28.72%，是城区的 2.24 倍。通过对城区与农村学前教育年龄情况进行卡方检验，结果发现，两组数据呈现显著性差异（χ^2=35.737，df=7，P=0.000＜0.001）。

表4-18　C市城乡学前教育教师年龄结构调查分析

园　　所	24岁及以下	25～29岁	30～34岁	35～39岁	40～44岁	45～49岁	50～54岁	55～59岁	60岁及以上	χ^2	df	P
城区	58	36	56	31	16	12	7	2	0	35.737	7	0.000***
	26.61%	16.51%	25.69%	14.22%	7.34%	5.50%	3.21%	0.92%	0.00%			
农村	34	57	56	46	47	36	13	0	0			
	11.76%	19.72%	19.38%	15.92%	16.26%	12.46%	4.50%	0.00%	0.00%			

注：数据来源于教师调查问卷；***P<0.001。

（五）C市城乡学前教育教师参加培训情况差异分析

促进学前教育教师持续学习并非易事，近年来，国家、政府、教育部门以及幼儿园都加大了对教师培训的重视。就目前来看，学前教育教师培训、学习机会和条件未能得到很好的保障。[①] 由于师资培训体系不完善，为提高园所办园质量，各个幼儿园都对教师培训尤为关注，针对城乡幼儿园教师培训调研情况，对 C 市城区和农村教师参加培训的情况进行统计，结果如表4-19 所示。

表4-19　C市城乡学前教育教师参加培训情况差异调查

园　　所	非常充足	比较充足	一般	比较不足	非常不足	M	SD	t	P
城区	20	120	55	22	1	3.62	0.81	13.115	0.000***
农村	1	38	137	95	18	2.69	0.79		

注：数据来源于教师调查问卷；***P<0.001。

---

① 庞丽娟，韦彦．学前教育立法——一个重大而现实的问题[J].学前教育研究，2001(1): 5-8.

通过对 C 市 507 份城乡学前教育教师调查问卷的整理发现，调查对象中城区学前教育教师有 64.2% 的人认为培训非常充足或比较充足，农村学前教育教师则有 39.1% 人认为培训比较不足或非常不足，城乡呈现出比较明显的两极分化。对城乡教师两组数据进行 t 检验，结果发现，两组数据呈现显著性差异（t=13.115，P=0.000＜0.001），城区教师培训情况（M=3.62，SD=0.81）显著优于农村教师（M=2.69，SD=0.79）。

二、C 市城乡学前教育人力资源配置的访谈分析

关注城乡学前教育人力资源配置情况，为城乡师资专业素质发展创造良好条件，是促进城乡学前教育公平的重要保障。分析当前 C 市城乡学前教育人力资源配置中的差异和矛盾是解决学前教育公平问题的突破口和关键。通过对 C 市城乡幼儿园及相关工作人员的走访调研，从定性描述的角度分析城乡学前教育人力资源配置的差异情况。

（一）从城乡师资配置数量中审视学前教育配置差异

改革开放以来，国家对学前教育的重视程度越来越高。通过实施"开放政策"，调动了社会各方面力量办园的积极性，而学前教育事业的发展必然带来师资队伍规模的增长，从整体上看，师资队伍规模虽有波动，但呈现逐步壮大的趋势。充足的师资数量有利于教师更好地关注每个幼儿发展，并因材施教。

访谈资料 3：

R 县教育局学前教育股 C 股长：从班容量上来说，现在农村幼儿园基本都能达到标准。就近几年的发展情况来看，幼儿园班容量超额的现象不太容易出现了，因为幼儿园多了，家长为孩子选择的余地也多了。相对来说，城区的公办园还会出现班额超量的情况，因为家长对公办园的认可度还是非常高的。

H 县教育局学前教育股 C 股长：人力资源是当前最大的问题，除了缺乏专业幼教老师，现有教师大都为中小学转岗和临时聘用的，还没有保育教师。

农村民办园 Q 园长：农村幼儿园一般是"一教一保"，因为实际情况也不允许我们聘请太多的教师。由于农村孩子每个月的学费就二三百块甚至一百多，支付教师的工资成为幼儿园的一大笔开销，因此有的幼儿园生源太少，可能就一个教师，或者给两三个班一起配备一个保育员。

B市（县）农村幼儿家长D：我们这个地方比较偏僻，好多幼儿教师不愿意来。去年招了几个刚毕业的大学生，后来人家都考回县城里的幼儿园了。幼儿园每年都招教师，但就是没有人愿意来我们这里。

"三年行动计划"使C市城乡园所数量有了显著提高，城区园所数量基本饱和，农村基本解决了适龄幼儿"入园难"的问题。笔者在走访中发现，城区幼儿园教师配备基本可以达到"两教一保"。而农村幼儿园师资配备主要以"一教一保"为主，有的园所中大班没有保育员或两个班共有一个保育员。农村幼儿园师资配备数量较少主要是由经济收益问题决定的。城区幼儿园每月保教费平均约800元，而农村幼儿园每月保教费平均约200元，城乡幼儿园收费相差4倍多。民办幼儿园需要从幼儿保教费中支付教师报酬，因此农村幼儿园不得不缩减教师人数以维持有效的经济收入。然而，过高的师幼比无疑会造成教师工作负担过重，有的教师需要一整天带班而中途无法休息，有的教师不仅负责日常教学活动，还要负责幼儿的保育工作。如此，幼儿教师长期劳累得不到调整，严重影响了教学工作和日常保育安全。

（二）从城乡师资配置质量中审视学前教育配置差异

师资规模的扩大并不能说明学前教育发展质量的提升，学历和职称这两项指标是直接反映师资专业素养的重要标准。从实践现状看，高学历、高职称的教师意味着拥有更高、更专业的素质，能够更好地为学前教育事业服务。

访谈资料4：

农村民办园M老师：农村幼儿园教师学历普遍偏低，很多当地的孩子希望通过读书走出去就再也不想回来就业。一般他们都会向往去一线或省会城市，再差一点就是到城区工作。所以，我们就只能无奈地降低招聘门槛，即使这样宽松的门槛，我们也很难招聘进来教师。

城区公办园W主任：我们在幼专上学时大家基本上都会出来实习，然后就直接工作了。很少有人再往上考本科，不过到幼儿园工作感觉学历也没什么太大作用。我们为了评职称或者想提高一点工资待遇，会去读函授本科，读起来很轻松，而且毕业证容易拿到。

农村民办园Q园长：目前，农村幼儿园还没有进行教师职称评定，在我们这个镇上，即使公办幼儿园，有职称的教师大概就是有编制的园长或是小学转岗过来的教师。其他的幼儿教师几乎没有编制，幼教管理部门还没有组织我们进行教师职称评定。

农村公办园 W 园长：我们园已经好几年没有招聘到年轻幼师了，年轻人都不愿意到乡镇园所来上班，园所里的中年幼师数量较为稳定，因为已经成家了嘛，就不会想着到处跑，毕竟要照顾家里的老人和小孩，而年轻人都没结婚安定下来，自然不会安于在我们乡镇园所上班啦。

农村公办园 S 老师：我侄女就是学的学前教育，去年已经毕业了，我问过她愿不愿意来我们园所上班，她表示不太愿意，去年应届毕业的她报名参加了市幼儿园的统招考试，报名的人非常多，竞争非常激烈，她没能通过笔试，现在就在市里一家服装店上班。

学前教育教师是从事幼儿教育和保育工作的专业人员，就其工作性质、职责、对象等方面来讲，学前教育教师必须具备有别于其他职业的专业能力及素质。从城乡学前教师招聘准入门槛情况看，农村师资招聘中无奈的"宽松准入"标准使整体师资专业水平低于城区。调研中发现，不少教师第一学历为中专或高中学历以下，在工作中通过函授、电大、自考等方式获取更高学历。有必要提出的是，农村学前教师学历情况比较复杂。通过这些进修途径得到学历的教师远不及具有全日制学历的教师专业基础扎实。我国教育部于 1979 年发布了《城市幼儿园工作条例 (试行草案)》，其中明确提出要通过职前或职后培训促使园长、保教人员专业标准达到所规定的水平。就目前来看，我国虽然出台了一系列关于学前教育师资准入资格要求的文件，但至今还未专门对农村师资入职标准做出明确的规定。职称是教师专业化的直接体现，主要包括学科知识和专业知识、实践智慧、合作和反思能力、人文素养以及批判理性五个方面。[①] 值得注意的是，城乡学前教育教师职称评定中未评定职称的教师比例偏高，且具有高职称者比例极低。笔者在走访中发现，农村学前教育教师评定职称的体系还不完善，多数地区尚未开展学前教育教师职称评定工作，如今农村幼儿园中具有职称的教师多为小学转岗教师或通过其他渠道聘用的非学前专业教师。农村幼儿园对评职称并不重视，导致一些学前教师对"职称"一词并不熟悉，有的教师甚至将"学历"与"职称"两个概念混淆。由此足以看出农村学前教育发展中对教师专业水平要求极为松懈。

（三）从城乡师资培训中审视学前教育配置差异

专业的教师队伍结构是制约城乡师资水平的关键，师资培训更是在教师

---

① 张元 . 试析幼儿教师专业化的特征及其实现途径 [J]. 学前教育研究，2003(1)：50-52.

数量"补足配齐"之后改善教师专业素养的有效措施。研究师资培训情况能从一些方面反映出城乡学前教育资源配置差异的问题。

访谈资料5：

城区公办园 J 园长：现在的"国培计划"比之前实施的要好得多，不像以前那么流于形式，培训的内容也能够根据幼儿园实际情况给教师答疑解惑。我们幼儿园几乎每个教师都参加过"国培计划"，有的教师机会更多，能够参加两次甚至三次，每次都会有不同的收获，这更有利于他们进行反思。

城区公办园 W 老师：相对而言，我们园所开展的校级培训最多，安全问题是培训的主要主题之一。除此之外，我们在特定时期的校级培训时，会加入一些当地特色文化，如在金丝小枣成熟时期，校级培训主要围绕着如何使幼儿深入了解金丝小枣展开，以便我们幼儿园教师在班级里组织一些特色活动。

城区民办园 H 副园长：每年分到我们园所的国家级、省级培训名额是非常有限的，一年大概 4 次左右，每次能派遣 2 ～ 3 名幼儿园教师前往参加培训，在名额的分配上，我们首选优秀的教师，如特别受小朋友和家长欢迎的教师、学历相对较高的教师或工作能力较强的教师。

城区民办园 L 主任：我们幼儿园的教师培训主要是采用园本培训或自费请外来专家为教师培训，国家给的培训机会和名额非常少。我们只能自己出经费让教师参加培训，今年还不到半年的时间，我们已经在教师培训上投入十多万了。

农村公办园 W 园长：虽然是一所公办园，但是我们每年能够参加"国培计划"的名额非常少，即使名额多的时候也就两三个。

农村公办园 S 老师：对于我们这种在乡镇幼儿园上班的教师来说，省级培训的名额是非常少的，但也不是所有的教师都想去参加培训，35 岁以上的幼师对培训的需求并没有年轻幼师强烈，我们年轻教师就特别希望园所能帮我们争取到国家级和省级培训名额，出去长点见识，提升一下自己的专业能力，把孩子们教好，说不定还可以调去县里上班呢。

农村民办园 Q 园长：我们园的教师从未有机会参加过国家级别和省级级别的培训，我希望我自己和教师们可以尽早获得国家级、省级培训的机会，这样就可以多学到一些东西来弥补自己教学经验不足这一短板了。

农村民办园 M 老师：我们园所的所有教师都参加过校级培训，其他级别的培训机会较少，有的幼师入园多年一直没有机会参加高级别的培训活动。

近年来，在政策的逐步推动下，各地学前教育发展也开始关注办园质量和师资素质的培养。为促进学前师资队伍建设，我国于2011年开始实施"国培计划"，主要对中西部地区幼儿园园长、骨干教师以及转岗教师进行培训。笔者在调研中发现，政府组织的高质量培训由于参与机会分配的倾斜进一步加剧了城乡学前教育师资质量的差异，农村幼儿园教师和级别较低园所教师往往更需要却非常缺乏参加政府组织的在职培训机会。从培训频次上看，C市城乡学前教育教师参加"国培计划"的频次差异明显，民办园所和农村地区园所参加高质量的国家级和省级培训机会很少，特别是农村地区，几乎得不到高质量的培训机会，导致农村学前教育教师的专业化水平提升空间有限，职业晋升的机会渺茫。从培训内容上看，国家级和省级以幼师专业性发展为出发点，理论与实操紧密结合的培训的培训质量最高；市级培训邀请师范类教授以讲座的形式讲解幼儿教育，对幼师专业化水平的提升有所帮助；县级乡镇级培训内容单一，没有以幼师专业化发展的需求为培训出发点，绝大多数培训围绕幼儿安全这一主题开展，对幼师提升专业化水平帮助较小，使幼师的培训参与度和积极性受到一定影响；市级园所、县级园所和乡镇级园所利用本地资源开展培训的"自给自足"模式在一定程度上也拉开了城乡学前教育教师队伍的发展差异。不少民办幼儿园和农村幼儿园通过"自给自足"和"自主行动"的方式投入了大量的资金或精力对本园教师进行培训，但培训质量和水平参差不齐。有条件的园所能够请来骨干教师或较为专业的机构对教师进行培训，而没有条件的园所只能让教师在本园进行教学经验交流、开展家长工作、规章制度、消防安全等方面的研讨，关于学前教育专业方面的培训极为欠缺。

第四节　城乡学前教育物力资源配置现状分析

物力资源是学前教育发展的一个重要方面。鉴于C市的物力资源在城乡配置上存有差距，本节将对C市城乡园所现状进行分析，以望能够找出其配置过程中所存在的问题。

一、C市城乡学前教育物力资源配置的调查分析

我国关于园所物力资源配置的问题在《幼儿园管理条例》《幼儿园工作

规程》《城市幼儿园建筑面积定额（试行）》等相关文件中都有所提及。由于公开资料和调研范围有限，针对学前教育资源配置中的物力资源配置差异现状，本研究将选择城乡园所办园规模、园舍用地面积、玩教具配置三个方面作为代表性的教育资源，数据来源于2017—2019年C市教育统计年鉴和实地调研数据。

（一）C市城乡学前教育办园规模差异分析

C市城乡园所分设小班班级、中班班级、大班班级三类，小班主要招收3～4岁的儿童，中班主要招收4～5岁的儿童，大班主要招收5～6岁的儿童。本小节将从C市城乡园所班级个数现状进行描述。

1.C市城乡园所办园规模概况

由表4-20可以看出，2017—2019年C市城乡园所班级个数只增不减，大班个数最多，小班个数最少，这和人们的传统思想观念分不开，家长普遍认为孩子在一年级前必须要去幼儿园过渡一下，好让孩子能尽快适应学校教育的节奏，但幼儿园小班没有必要去，去了也可能学不到什么，家里有爷爷奶奶帮带小孩，也比较放心。C市整体城乡园所班级个数呈增长趋势，大班和中班占比较大。

表4-20 2017—2019年C市幼儿园园所班级个数统计表 （单位：个）

类　别	2017 年	2018 年	2019 年
小班	1 786	1 847	2 032
中班	2 023	2 535	3 165
大班	2 865	2 883	3 486
合计	6 674	7 265	8 683

注：数据来源于C市教育统计年鉴。

2.C市城乡园所办园规模差异分析

为分析城乡间学前教育办园规模存在的差异，笔者收集了城区和农村所有园所的数据资料进行分析。由表4-21可以看出，C市城区幼儿园园所在2017—2019年数量增长较少，园所个数占比呈逐渐下降趋势，分别为

2017 年占比 62.57%，2018 年占比 58.11%，2019 年占比 49.65%；农村幼儿园园所数量增长幅度相比较大，园所个数占比呈上升趋势，分别为 2017 年占比 37.43%，2018 年占比 41.89%，2019 年占比 50.35%。通过对近三年城区与农村园所数量进行卡方检验，结果发现，两组数据呈现显著性差异（χ^2=54.456，df=2，P=0.000<0.001）。

表4-21　2017-2019年C市城乡幼儿园园所班级个数统计表　（单位：个）

园　所	2017 年	2018 年	2019 年	χ^2	df	P
城区	846（62.57%）	849（58.11%）	854（49.65%）	54.456	2	0.000***
农村	506（37.43%）	612（41.89%）	866（50.35%）			

注：数据来源于 C 市教育统计年鉴；***P<0.001。

（二）C 市城乡学前教育园舍用地情况差异分析

幼儿园园舍的房屋建筑是幼儿园开展学习和生活各项活动必不可少的物质基础。在义务教育阶段，教室内主要摆放学生的课桌椅，生均校舍面积的大小影响的是学生的学习环境的舒适度以及课余活动空间。而在学前教育阶段，教室需要足够大的空间来摆放各种玩教具，能够设置诸多区角以丰富幼儿的游戏和学习活动，还应满足幼儿午睡的空间需求。建筑空间越充足，越有可能为幼儿提供高质量的学习和生活环境。因此，生均园舍建筑面积也是考察学前教育质量的一个重要指标。

在园所建筑面积配置方面，国家没有对普惠性学前教育或者公办学前教育提出一个具体的标准，只有在《城市幼儿园建筑面积定额（试行）》文件里有具体提及，文件规定：规模为 180 人的幼儿园园舍建筑面积定额为人均 9.9 平方米，规模为 270 人的幼儿园园舍为人均 9.2 平方米，规模为 360 人的幼儿园园舍为人均 8.8 平方米。对 C 市城乡学前教育园舍用地数据进行整理，分析城乡生均园舍建筑面积差异和城乡生均室外活动场地面积差异，统计分析结果如表 4-22 所示。

表4-22　C市城乡生均园舍建筑面积差异情况　　（单位：平方米）

园　所	2017 年	2018 年	2019 年	M	SD	t	P
城区	6.802	7.548	8.216	7.56	0.59	19.668	0.000***
农村	3.237	3.756	4.136	3.75	0.38		

注：数据来源于 C 市教育统计年鉴；**P<0.001。

由表 4-22 报告可见，从平均值看，城区生均园舍建筑面积约为农村的 2.02 倍；从标准差看，城区生均园舍建筑面积的变化幅度要高于农村。对城区和农村生均园舍建筑面积情况进行 t 检验，结果发现，两组数据呈现显著性差异（t=19.668，P=0.000<0.001），城区学前教育生均园舍建筑面积（M=7.56，SD=0.59）显著高于农村（M=3.75，SD=0.38）。根据《河北省规范化幼儿园办园条件基本要求》规定，农村幼儿园生均建筑面积应在 5.22～6.59 平方米；城市幼儿园生均园舍建筑面积应在 6.96～8.78 平方米。从数据上看，2017 年城区幼儿园生均建筑面积不符合标准，2018 年、2019 年生均建筑面积已经达到基本标准，而农村幼儿园生均建筑面积连续三年均未达标。

表4-23　C市城乡生均室外活动场地面积差异情况

园　　所	2017 年	2018 年	2019 年	M	SD	t	P
城区	4.017	4.224	4.126	4.13	0.08	4.54	0.000***
农村	2.672	3.783	4.027	3.55	0.60		

注：数据来源于 C 市教育统计年鉴；**P<0.001。

由表 4-23 可见，在 2017—2019 年，城区生均室外活动面积在 2018 年到 2019 年出现小幅度下降，农村幼儿园生均室外活动面积呈现上升趋势。从平均值看，城区生均室外活动面积明显高于农村；从标准差看，农村离散程度高于城区，说明农村三年生均室外活动面积变化高于城区；对城乡生均室外活动面积进行 t 检验，结果发现，两组数据呈现显著性差异（t=4.54，P=0.000<0.001），城区幼儿园生均室外活动面积（M=4.13，SD=0.08）显著高于农村（M=3.55，SD=0.60）。根据《城市幼儿园建筑面积定额（试行）》中对室外活动场地的标准要求，室外活动场地（包括分班活动场地和共用活动场地两部分）要求生均达到 2 平方米。从数据上看，2017—2019 年城区和农村幼儿园生均室外活动面积均已达标。

为补充和论证年鉴资料，对 C 市城乡幼儿园教室占地面积和寝室占地面积情况进行实地调研，统计分析结果如表 4-24 所示。

表4-24　C市城乡幼儿园教室占地面积情况调查分析

园　所	非常充足	比较充足	一般	比较不足	非常不足	M	SD	t	P
城区	116	76	24	2	0	4.40	0.72	7.419	0.000***
农村	75	118	76	15	5	3.84	0.93		

注：数据来源于教师调查问卷；***P<0.001。

《城市幼儿园建筑面积定额（试行）》中规定"活动室每班一间，使用面积 90 平方米，若寝室与活动室分设，活动室的使用面积不宜小于 54 平方米"。表 4-24 呈现了城乡幼儿园教室占地面积情况，针对教室占地面积在问卷中提供五级答案，分别代表关于占地面积不同程度的描述。通过对 507 名城乡学前教育教师对班级占地面积情况的反馈进行 t 检验，结果发现，两组数据呈现显著性差异（t=7.419，P=0.000<0.001），城区幼儿园教室占地面积情况（M=4.40，SD=0.72）显著高于农村幼儿园教室占地面积（M=3.84，SD=0.93）。在调研中发现，农村不少幼儿园属于家庭作坊式，尽管通过验收得到了一定的级别，但极少数能够达到城市幼儿园的建筑面积标准。

表 4-25 呈现了城乡学前教育教师对本班寝室占地面积情况，针对寝室占地面积在问卷中提供五级答案，分别代表关于寝室占地面积不同程度的描述。通过对 507 名城乡学前教育教师的反馈情况进行 t 检验，结果发现两组数据呈现显著性差异（t=6.339，P=0.000<0.001），城区幼儿园寝室占地面积情况（M=4.36，SD=0.84）显著高于农村幼儿园寝室占地面积（0=3.83，SD=1.01）。

表4-25　C市城乡幼儿园寝室占地面积情况调查分析

园　所	非常充足	比较充足	一般	比较不足	非常不足	M	SD	t	P
城区	116	76	18	5	3	4.36	0.84	6.339	0.000***
农村	83	108	72	17	9	3.83	1.01		

注：数据来源于教师调查问卷；***P<0.001。

（三）C市城乡园所玩教具配置差异分析

通过整理 C 市城乡玩教具配置情况数据，本研究主要从城乡生均图书量差异情况、班级区角布置评价情况和操作材料投放情况三个方面进行分析。

首先幼儿园的图书主要包括供幼儿使用的绘本资料和教师的教学专业用书，是必不可少的教学资源。供幼儿使用的绘本资料的充实程度与幼儿可享有的学前教育质量息息相关。教师的教学专业用书可以从侧面考察教师可获得的专业成长支持，教师专业能力的提升最终又会体现在幼儿受教育的水平上。学前教育过程公平是指学前教育条件均等，让每个儿童享有同样的学前教育。生均图书量就是可进行统计操作的具体的教学条件。根据河北省幼儿园办园基本标准规定，班级幼儿读物应人均 3 册以上，本研究数据中生均图书量主要统计供幼儿阅读的图书数量，其中不包含教材。统计分析结果如表4-26 所示。

表4-26　2017—2019年C市城乡生均图书量差异分析

园　所	2017 年	2018 年	2019 年	M	SD	t	P
城区	4.782	5.638	6.027	5.48	0.64	4.176	0.014*
农村	2.572	3.486	3.822	3.29	0.65		

注：数据来源于 C 市教育统计年鉴；*$P<0.05$。

从表 4-26 数据中可见，从平均值看，城区幼儿生均图书量约为农村幼儿的 1.67 倍；从标准差看，农村生均图书量变化幅度略大于城市。2017—2019 年 C 市城区幼儿生均图书量已达标且呈上升趋势，农村幼儿生均图书量虽然 2017 年不达标，但一直处于稳定增长趋势。对城区和农村生均图书情况进行 t 检验，结果发现，两组数据呈现显著性差异（$t=4.176$，$P=0.014<0.05$），城区学前教育生均图书量（$M=5.48$，$SD=0.64$）显著高于农村（$M=3.29$，$SD=0.65$）。

班级提供充足的课外阅读书籍有利于为幼儿提供健康丰富的文化环境，也是反映园所物力条件的重要表现。《中国儿童发展纲要（2011—2020 年）》中也明确提出了要"培养儿童阅读习惯，增加阅读时间和阅读量"。[①] 表4-27 呈现了城乡幼儿园班级生均图书情况（注：此处生均图书不包含教材），针

---

① 国务院. 中国儿童发展纲要(2011—2020 年)[Z]. 北京：人民出版社，2011.

对班级生均图书情况在问卷中提供五级答案（0～1册计1分，1～2册计2分，2～3册计3分，3～4册计4分，4～5册计5分）。通过对507名城乡学前教育教师的反馈情况进行 t 检验，结果发现，两组数据呈现显著性差异（ t=9.718，P=0.000<0.001），城区幼儿园生均图书量（M=3.74，SD=0.88）显著高于农村（M=2.96，SD=0.91）。调查结论与上述年鉴中关于城乡生均拥有图书量的差异情况一致，且不说提供阅读材料的质量，单从数量上城乡生均图书量差异已经非常明显。

表4-27　C市城乡幼儿园生均图书调查分析

园　所	4～5册	3～4册	2～3册	1～2册	0～1册	M	SD	t	P
城区	43	97	57	21	0	3.74	0.88	9.718	0.000***
农村	18	39	166	45	21	2.96	0.91		

注：数据来源于教师调查问卷；***P<0.001。

区角创设属于班级环境布置的重要内容，要求区角设置应保证区域种类齐全，并涉及幼儿发展的各个领域。《幼儿园管理条例》中明确指出"应创设与幼儿教育和发展相适应的和谐环境，引导幼儿个性的健康发展"。[1] 表4-28呈现了C市城乡幼儿园班级区角数据差异情况，针对班级区角数量情况在问卷中提供五级答案（1个计1分，2个计2分，3个计3分，4个计4分，5个及以上计5分）。通过对507名城乡学前教育教师的反馈情况进行 t 检验，结果发现，两组数据呈现显著性差异（ t=12.239，P=0.000<0.001），城区幼儿园班级区角数量（M=4.22，SD=0.75）显著高于农村幼儿园班级区角数量（M=3.17，SD=1.09）。

表4-28　C市城乡幼儿园班级区角数量调查分析

园　所	5个及以上	4个	3个	2个	1个	M	SD	t	P
城区	88	93	34	3	0	4.22	0.75	12.239	0.000***
农村	35	78	92	68	16	3.17	1.09		

注：数据来源于教师调查问卷；***P<0.001。

---

① 国家教育委员会.幼儿园管理条例[EB/OL].（1989-09-11）[2021-01-21].http://www.moe.gov.cn/s78/A02/zfs_lef/s5911/moe_602/tnull_3132.html.

游戏贯穿幼儿一日生活的始终，材料的投放是幼儿开展游戏的物质保障。笔者在调研中发现，班级游戏材料投放主要包括两种，一种是成品玩具（如布偶、竹蜻蜓、魔方、汽车等），另外一种是半成品材料或废旧物品（如鸡蛋皮、饮料瓶、毛线、一次性纸杯、吸管、包装盒、饰品等）。通过投放种类不同的物质材料，激发幼儿主动操作的探索能力。表4-29呈现了城乡幼儿园班级材料投放差异情况，通过对507名城乡学前教师的反馈情况进行 t 检验，结果发现，两组数据呈现显著性差异（$t=11.645$，$P=0.000<0.001$），城区幼儿园班级材料投放量（$M=4.02$，$SD=0.78$）显著高于农村幼儿园班级材料投放量（$M=3.02$，$SD=1.07$）。

表4-29　C市城乡幼儿园班级操作材料投放调查分析

园　　所	非常充足	比较充足	一般	比较不足	非常不足	M	SD	t	P
城区	63	103	46	6	0	4.02	0.78	11.645	0.000***
农村	26	68	104	68	23	3.02	1.07		

注：数据来源于教师调查问卷；***$P<0.001$。

二、C 市城乡学前教育物力资源配置的访谈分析

学前教育物力资源配置主要包括基础设施建设、园区基础设施采购、安全设施采购以及文化宣传材料等硬件设施方面。从上述 C 市城乡学前教育物力资源配置差异情况看，城乡的物力资源配置在绝大多数方面都存在显著性差异。尽管"三年行动计划"加大了对农村学前教育资源配置的经费投入以及政策倾斜，但从公平视域看，城乡教育资源配置未能更好地满足更多社会公众的需求。

（一）政策导向中审视城乡学前教育物力资源配置的差异

自 2010 年以来，无论从政策还是现状上，学前教育事业都得到了长足的发展，普及和公益程度显著提高。据统计，2009 年全国共有幼儿园 13.82 万所，在园幼儿（包括学前班）2 657.81 万人，学前三年毛入园率达到 50.9%；[①] 2010 年全国共有幼儿园 15.04 万所，比上年增加 1.22 万所，在园

---

① 中华人民共和国教育部 . 2009 年全国教育事业发展统计公报 [EB/OL]. （2010-08-03）[2021-01-21]. http://www.moe.gov.cn srcsite/A03/S180/moe_633/201008 1t20100803_93763.htm.

幼儿（包括学前班）2 976.67 万人，学前教育毛入园率达到 56.6%，比上年提高 5.7 个百分点；① 2015 年全国共有幼儿园 22.37 万所，入园幼儿 2 008.85 万人，在园幼儿 4 264.83 万人，学前三年毛入园率达到 75.0%，比上年提高 4.5 个百分点。② 2019 年全国共有幼儿园 28.12 万所，入园幼儿 1 688.23 万人，在园幼儿 4 713.88 万人，学前教育毛入园率达到 83.4%，比上年提高 1.7 个百分点。③ 政府必然是城乡学前教育物力资源配置供给的引导者，惠及农村学前教育发展的政策有效解决了农村幼儿园"入园难"问题。然而，从物力资源配置现状看，生均教学及辅助用房面积、班级区角创设数量、班级玩教具投放及使用情况在城乡出现较为显著差异。

访谈资料 6：

B 县教育局学前教育股 R 股长：政府拨下来的经费几乎都是用来改扩建或者新建幼儿园的，就目前政策导向看，学前教育发展主要是先抓数量再提高质量。

农村公办园 S 老师：我们幼儿园是由小学改建的，但是小学教室的布置形式跟幼儿园差异很大。现在我们的班里没有水龙头，也没有单独的卫生间，寝室和教室也是分开的，我们园长专门安排了几间教室，中午让教师带着本班的孩子午睡。

农村公办园 W 园长：我们最大的弱势就是幼儿园的场地有限，教室是通过居民房改造的，孩子用的教室基本都是之前居民楼的客厅。现在一个班大概就 15 个孩子，生源少了确实感觉宽敞了不少，以前一个班 20 多个孩子确实觉得特别拥挤。教师组织活动时最先考虑的就是教室场地够不够，孩子之间会不会因为施展不开而发生争执。

自 2010 年起，伴着一系列支持学前教育发展的政策和文件的出台，社会对学前教育事业的发展有了前所未有的重视。但任何事情的发展都存在一定的历史局限性，目前学前教育的发展主要是解决适龄儿童"入园难"的问题。2010 年我国颁布的《国务院关于当前发展学前教育的若干意见》中明确指出"加大政府投入，新建、改建、扩建一批安全、适用的幼儿园""中

① 中华人民共和国教育部 . 2010 年全国教育事业发展统计公报 [EB/OL]. (2012—03—21) [2021—01—21]. http: //www.moe.gov.cn/scesite/A03/S180/moe-6331201203t201 20321_132634.html.

② 中华人民共和国教育部 . 2015 年全国教育事业发展统计公报 [EB/OL]. (2016—07—06) [2021—01—21]. http://www.moe.gov.cn/srcsite/A03/s180/moe_633/201607/t20160706_270976.html.

③ 中华人民共和国教育部 .2019 年全国教育事业发展统计公报 [EB/OL]. (2020—05—20) [2021—01—21].http://www.moe.gov.cn/jyb_sjzl/sjz-fztigb/202005/t20200520—456751.htm.

小学布局调整后的富余教育资源和其他富余公共资源优先改建成幼儿园""制定优惠政策，支持街道、农村集体举办幼儿园"。①《河北省第三期学前教育行动计划（2017—2020年）》强调"到2020年，全省基本普及学前教育，学前三年毛入园率达到87%以上，普惠性幼儿园覆盖率（公办幼儿园和普惠性民办幼儿园在园幼儿数占在园幼儿总数的比例）大幅度提高，建立起覆盖城乡、保障基本、公益普惠的学前教育公共服务体系"。由此可以看出，行动计划要点在于大力促进普惠性幼儿园发展，大力发展公办幼儿园和大力建设农村幼儿园。此阶段主要以新建、改扩建幼儿园为主，以增加园所数量、提高幼儿入园率为改革重点。笔者从访谈材料中了解到，当农村园所数量能够满足适龄幼儿入园后，又出现了园所建筑组合不科学、内部规划设计不合理、硬件设施配备不充足等问题，农村学前教育发展面临数量与质量的突出矛盾。

（二）从家长需求中审视城乡学前教育物力资源配置的差异

通过对C市城乡学前教育发展现状的了解发现，学前教育服务体现出明显的"私立为主，市场导向"的趋势，绝大多数孩子享受到的是民办园的教育服务。民办园具备自身特有的营利性和公益性双重特点，它们一般采用市场调节机制，以优质的教育服务赢得口碑和更多的生源。家长对学前教育的观念认识和需求在很大程度上会影响幼儿园物力资源的配置。

访谈资料7：

农村民办园M老师：民办幼儿园的资金基本都来自投资人和孩子的保育费，以前我们为孩子准备一些建构、表演、科学的操作材料，家长总觉得孩子在幼儿园玩，学不到什么东西。尤其到中、大班时，家长（多为祖父母或外祖父母）就希望教给孩子一些汉字和算数之类的知识，为入小学做准备。尽管我们园也一直努力想通过专业育儿的理念来引导家长，但迫于生源压力只能做出一些调整，减少让孩子游戏和操作材料的时间用来学习文化知识。

农村民办园Q园长：民办园的收入主要靠孩子每个月的保教费用，如冬天的时候会向每个孩子收取十多块钱的取暖费。很多家长就不理解了，这取暖费应该包括在保育费里面，怎么还要另收？要想改善孩子的学习条件，

与家长的态度和支持是密不可分的。

城区民办园 H 副园长：其实我们感受到大班幼儿的个别家长对孩子入小学的压力还是有的，但绝大多数家长非常认可在幼儿园培养孩子的动手操作能力、想象力、创造力、独立思考等方面能力的重要性，有的家长对班上区角创设和操作材料的提供还会提出自己的意见或者建议，帮助我们把区角布置得更丰富。

Y 区幼儿家长：公立园的孩子太多，有时候户外活动场地比较拥挤，孩子每天刚玩儿一会就要回班级了。我对私立园比较满意，孩子视野开阔，各方面能力也有所提高。我认为比较理想的幼儿教师就像移动的图书馆，是孩子获取知识的丰富源泉，孩子也会在教师潜移默化的影响下越来越博学。

R 市幼儿家长：在我们看来，公办园师资配备好，而且各方面都有一定的保障。尤其是孩子的安全也可以得到充分的保障。孩子上幼儿园最重要的就是安全卫生问题，之前专门打听了幼儿园的安全方面，确保幼儿园门卫制度严格后，才放心把孩子送到这所幼儿园。

Q 县幼儿家长：我将二宝送到了民办幼儿园就读，因为幼儿园有自己独特的教育理念，我想给孩子最优质的教育。大宝上幼儿园的时候，因为班里孩子太多了，教师每天都不怎么关注他。所以，我希望二宝在的班孩子能少些，这样教师对每个孩子的照顾就会更多一些。

家长在幼儿园资源配置发展中也扮演了幼儿教育的消费者、家园合作的支持者和幼儿园教育质量的评价者等多种角色。从访谈中可知，城乡家长观念的不同对幼儿园提出的物力条件的需求也不同。从科学育儿的角度上看，城区家长更能接受合理的育儿理念且支持幼儿在园中以游戏或活动的形式促进认知、情感、动作技能等方面的发展；农村家长（多为祖父母或外祖父母）更期望幼儿在园中学习一些显性的文化知识。不同的育儿观念严重影响了幼儿园环境布置、操作材料投放情况、生均图书量等方面的设置情况。笔者在走访中发现，农村幼儿园生均图书量并不少，但教材占据绝大多数，可供幼儿阅读的绘本读物十分有限。相对于城区幼儿家长而言，他们更能接受科学的育儿理念，对于幼儿园实施的一日活动安排也较为赞同，有的家长还会参与幼儿园的活动安排。家长不同的需求和理念也是造成城乡学前教育物力资源配置差异的原因。

（三）从园长管理素质中审视城乡学前教育物力资源配置的差异

幼儿园的文化积淀源于园所长期发展的积累，园长的管理素养对幼儿园物力资源配置也起着关键作用。园所内部物力资源配置需要管理者倾注大量的心血挖掘出最优的配置方式，从而充实园所文化内容并提高自身竞争力。

访谈资料8：

城区公办园 J 园长：我们幼儿园的绘本教学是一大特色，也比较注重图书区阅读材料的投放。由于绘本价格比较昂贵，而孩子的需求量又比较大，幼儿园每学期都会买一批绘本，同时我们与家长沟通，每个月孩子从家里带一本到幼儿园与大家分享，一个月后带回去再换一本新的，这样孩子就可以读到很多的绘本了。

农村民办园 M 老师：幼儿园可供孩子阅读的绘本有限，我们把所有的图书都放在一个图书架上，需要阅读的时候老师带班上的孩子去那里看书。

城区民办园 H 园长：我们园所美工教室装扮得非常漂亮，每间美工教室都会有一个主题，整个教室墙壁上的画作连起来看就是一整个故事，小朋友们在教室里上课的热情度和参与度特别高。

城区公办园 W 主任：我特别注重提高教师的信息科学素养。在信息化快速发展的时代，数据资源是传递知识的载体形式之一，学前教育不应该再局限于传统育儿模式，数据资源可以帮助学前教育提升教学质量。比如，以动画片的形式讲小故事，孩子们乐于接收，专注力也较高，借助音视频教学不仅让我们的孩子接受新鲜事物更快，课堂气氛更活跃高效，还能有效缓解教师工作强度和教学压力。有了视频教学，我们也轻松了很多。

城区民办园 L 主任：我们幼儿园确定了一个制度，就是每到大型节日的时候，会邀请家长互动，请家长到幼儿园参与一些孩子的活动，或者请家长帮助提供一些材料。我觉得这也是家园合作的一种表现形式，可以充分利用家庭社区资源。

农村民办园 Q 园长：我们幼儿园的玩具以桌面玩具为主，户外大型玩具少，也没有太多的资金购置玩教具。老师们办公与教学在一起，空间资源少。幼儿所用教材都是老师自己在假期中编写的。

农村公办园 W 园长：我们园属于校内附设机构，没有专门的场地，目前仅有 2 个活动室，最主要的问题是没有独立，用的是小学的教室，设备设施严重不足，教育活动设施缺乏。我们希望能将幼儿园与小学分离，单设幼儿园，以保证各方面资源的投入与稳定。

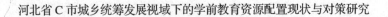

　　从上面的访谈中了解到，城区幼儿园园长更善于利用幼儿家庭资源，如通过园所购买和幼儿相互分享阅读的方式使已有的资源得到充分利用，增加幼儿在园的可阅读量。而农村幼儿园通过让幼儿轮流使用的方法阅读图书，资源有限且减少了幼儿一日生活的阅读时间。

　　我国幼儿园实施的是园长负责制，一个园长是一所幼儿园的灵魂，园长拥有好的学前教育理念，在物力资源分配的过程中持有坚定的立场和态度，方法手段科学合理，不断积淀凝练文化，深入强化家园合作，开发有效资源，才能不断增强自身实力，通过各种渠道改善办学条件，营造符合幼儿身心发展的园舍环境，提升幼儿园的办园质量。

第五章 城乡学前教育资源配置失衡的原因分析

第一节 学前教育资源配置中政府职能的缺失与弱化

一、政府对学前教育价值的理念认知偏差

追求教育公平是一种理念。黑格尔曾说:"理念就是真理,因为真理就是客观性与概念相符合。这并不是指外界事物符合我的观念。因为我的观念只不过是我这个人所具有的不错的观念罢了。理念所处理的对象并不是个人,也不是主观观念。而且一切现实事物之所以具有真理性,都只是通过理念并依据理念的力量。"① 学前教育资源的公平配置先是作为一种理念由一些学者提出,但是很快被学术界认可并进行宣传,进而社会各领域都开始接受并认可,逐渐成为一种被社会普遍接受的理念,并最终通过实践得到落实。对于教育理念而言,认同和实施是关键,只有决策者和广大人民群众的头脑中认同促进学前教育资源配置公平发展的理念,才会把该理念进行落实,否则,再美好的理念也仅是"乌托邦"式的"关键词"。

进入 20 世纪以来,随着义务教育的普及实施,世界各国学前教育都得到了迅速发展。自 20 世纪 90 年代开始,我国的学前教育得到不断发展,但

---

① [德]黑格尔. 小逻辑 [M]. 贺麟,译. 北京:商务印书馆,1980:397.

是长期以来还是游离于教育主题和中心之外，被边缘化的状态十分明显。①

通过调查，C市政府教育部门在学前教育资源配置中失灵的原因在于政府相关部门对学前教育价值的认知和理解不够，没有意识到学前教育资源配置公平理念的重要性，也自然不会有追求学前教育资源配置公平的责任意识。笔者在调研中发现，C市对学前教育相关数据的统计一直落后于其他义务教育阶段，数据内容相对较简单。

政府对学前教育价值的理念认知决定了政府的责任意识，而责任意识又是落实学前教育资源配置的关键因素，因为教育的发展离不开政府的支持。然后，通过访谈发现，政府教育部门对学前教育的重视程度不够，政府部门对学前教育态度的真实状态就是"幼教很重要，忙起来都不要"。②

访谈资料1：

C市教育局基础教育科S科长：对于加大公办园力度，坚持政府导向，目前更像是一句口号。在政府中，对于怎么理解政府主导，一直未达成共识。像我们这样的基层工作人员，认为公办园占主体，要占50%以上，适龄幼儿入公办园的比率达50%以上就是政府主导，但是政府有些领导不这么认为，他们觉得学前教育并非义务教育，政府主导并非政府主体。

笔者在访谈中发现，对学前教育价值的认知偏差会导致政府部门甚至整个社会对学前教育的长期忽视和放任管理。C市政府对学前教育的关注始于2010年《国家中长期教育改革和发展规划纲要（2010—2020年）》的颁布，在此文件颁布之前，政府对学前教育的职责非常不明确，几乎是"无作为"的状态。据C市有关学前教育的统计数据显示，之前C市关于学前教育的方面很多为"0"，乡镇中心幼儿园数为"0"，很多经费项为"0"，民办园教师职称评定为"0"，民办园等级评定为"0"。

政府部门在对不同类型的幼儿园的认识和监管责任等方面也存在着偏差，导致缺乏促进学前教育资源配置公平发展的理念。其表现在政府虽然对公办园的教育资源进行配置，但是不积极发展公办园；还表现在政府对民办园的错误认识，政府认为举办民办幼儿园是个人营利行为，投入民办园就等于把钱白白送给幼儿园举办者，并未认识到民办幼儿园在缓解学前教育供需

---

① 刘强.学前教育城乡均衡发展的理论与实践[M].南京：南京大学出版社，2011：114-115.

② 阎晗.西部农村地区学前教育经费短缺的原因及对策分析[J].当代教育论坛（宏观教育研究），2008(11)：19-21.

矛盾中做出了很大的贡献，其为政府分担了发展学前教育的压力，扩大了学前教育资源的总量。所以，政府认为只要把公办园的资源配置好就可以了，民办园则可以将其置于市场中进行自行调节。这种意识普遍存在于地方政府的施政理念中。

访谈资料2：

C市教育局基础教育科S科长：目前，政府对学前教育的投入还是主要给城区幼儿园，同样的投入和支持在城区见效要比农村明显得多，困难也少很多。农村的学前教育推动有挺大难度的，主要依靠学前教育的发展带动农村的学前教育发展。

笔者在访谈中发现，政府部门在学前教育资源配置和发展中倾斜于城区。政府认为只要依靠着城区学前教育的兴盛发展就能间接带动周边农村学前教育的发展，因此在实际工作中，政府更重视城区学前教育发展的质量和水平的提升，对城区学前教育的发展推进工作也明显更有计划性和组织性。这种潜意识的存在势必导致政府部门在行动上对发展农村学前教育的动力不足，从而进一步拉大了学前教育的城乡差距。

此外，政府的政绩考核制度也是学前教育长期得不到重视的重要原因。学前教育与其他阶段的教育相比，明显不如义务教育具有强制性，也不像高中教育那样被认为对个人学业和就业具有较大的影响，因此政府机构在义务教育和高中教育阶段的重视容易出"成绩"。而且，学前教育领域的投资建设不同于那些投资期短、见效快的领域，需要很长的周期才能见实效，因此许多政府机构不愿意将学前教育作为政绩考核的依据。但是，如果没有政绩考核的压力，学前教育在政府工作中就变成了"配盘菜"，地方政府就很难将学前教育的发展放在政府规划中优先考虑，也就造成了学前教育长期面临的冷遇处境。

理念的形成不是一朝一夕的，政府对学前教育的不重视有着深刻的历史原因和现实原因。我国城乡二元经济体制导致人们盲目地认为城乡差距是必要的，城区幼儿园的条件就应该比农村幼儿园的条件强。地方政府如果秉持这样的理念就必然会导致学前教育资源配置的城乡不公平局面。理念应该指导实践，只有政府部门对公平配置学前教育资源的理念达成共识并付诸实践，才能推动学前教育的公平发展。

二、政府在学前教育资源配置中主导地位的缺失

实现学前教育的均衡发展不可能仅靠市场或社会，因为市场具有天然的逐利性，而社会参与又具有自愿性的特征。政府则是以实现民主与公益为目标，并拥有其他任何组织所不具有的最高不可抗权力，应当成为促进学前教育资源配置均衡的主导力量。在调研问卷中我们得知，在 C 市 H 县、X 区幼儿园经费来源这项分析中政府投入只占 13.21%，而 R 市的幼儿园政府投入占 36.28%。虽然数据中显示 R 市的政府投入更多一些，但在实际调研和访谈中发现，这对于幼儿园的发展来讲只是杯水车薪。

调查数据显示，在 C 市所辖县（市、区）中大多数接受政府投入的幼儿园都能获得一些奖励补助。《C 市人民政府办公厅关于印发 C 市学前教育奖励补助实施方案的通知》中明确提出了奖补标准：按在园幼儿月生均 100 元标准安排奖补资金。资金承担是由市和幼儿园所在区县两级财政承担，B、H、R、Q 四个县（市）本级补助 70%，县级政府承担 30%。也就是说，有奖补资金的幼儿园是一个孩子一个月 100 元，其中 C 市政府每月出 70 元，县（市）级政府每月出 30 元。县（市）域幼儿园得到的补助明显少于市区幼儿园，且部分县级政府机构财政资金短缺，补助金往往不能按时到账。通过调研问卷我们得知，B 县幼儿园最低收费是每月 80 元，但 Y 区幼儿园最低收费是每月 400 元，B 县幼儿园即便每月都有 100 元的奖补，按照最低幼儿园收费标准来算，加起来幼儿园的收费才是每月 180 元，少之又少的补助远远不够支持幼儿园的正常运转。况且在《C 市人民政府办公厅关于印发 C 市学前教育奖励补助实施方案的通知》中的奖补标准是幼儿园要达到三级幼儿园，但实际中那些收费较低的幼儿园根本达不到这样的标准，在 B 县 152 所幼儿园中，只有 30% 的幼儿园有奖补资金。

从对幼儿园园长的访谈内容看，政府对学前教育的关注并不像对义务教育那样重视。幼儿园办园大多还是以民办为主，国家对幼儿园的建设没有发挥相应的主导作用，民办幼儿园改善园区建设和硬件采购的经费不足，教师队伍的强化存在困难。因此，政府对学前教育发展的重视程度不足仍然是影响学前教育均衡发展的重要因素。

访谈资料 3：

城区民办园 H 园长：什么时候国家才能像普及义务教育一样，重视我们的学前教育，毕竟绝大多数的幼儿园都是民办幼儿园，公办幼儿园就那么

几家。我们这些民办幼儿园不奢求像公办幼儿园那样，国家承担在编所有教师的开支和幼儿园的扩建、采购，我们只是希望当我们有困难的时候，国家能帮帮我们，我们摸爬滚打全靠自己啊。

农村民办园Q园长：我们应该是学前教育链的末端了吧。政府很少关心到我们这来，但我们还是挺重要的，农村的公办园太好了，我们这三个村子都去一个园上学，好多人也愿意把孩子送到我们这来。但是，我们的生存压力也挺大的，现在看不到未来，走一步算一步吧。

三、政府对学前教育资源配置管理引导职能的缺失

民办学前教育是学前教育事业发展的重要组成部分，是在普及学前教育战略背景下增加学前教育资源、推进学前教育普及的重要途径之一。民办学前教育在学前教育普及中的地位与作用是政府承担责任的现实需求。积极鼓励和支持民办学前教育发展成为当前我国学前教育普及的应有之义。政府应该在民办学前教育发展中主动承担相应的责任，通过制度供给和宏观管理为民办学前教育发展提供保障，扶持、指导和服务民办学前教育，引导民办学前教育机构提供普惠性的学前教育服务。

民办园属于教育行业中的"民办非企业"单位，这一定位说明民办园既不是事业单位，又不是企业单位，身份的模糊使民办园处于尴尬地位：一方面，由于民办园是非事业单位，虽然《中华人民共和国民办教育促进法》规定民办学校与公办学校享有同等的法律地位，但实际上难以享有与公办园同等的法律地位和公平的政策待遇；另一方面，民办园虽然是民办非企业单位，但在实际中往往被当作企业来对待，参照"企业"进行管理。总体而言，民办园身份尴尬，直接影响政府在民办园登记管理、财政资助等方面的职责定位，教职工和受教育者的合法权益得不到充分保障，严重制约了民办园的发展。并且，虽然《关于幼儿教育改革与发展的指导意见》明确提出要建立"由教育部门牵头、有关部门参加的幼儿教育联席会议制度"，《国务院关于当前发展学前教育的若干意见》提出"教育部门主管、有关部门分工负责"的工作机制，但是由于政策对各部门间的权责配置规定得不明确，以及缺乏更高层领导机构的参与，联席会议制度往往流于形式。民办学前教育政策涉及上述的诸多部门，政策仅规定由教育部门"牵头"，殊不知教育行政部门权力有限，对其他部门不具有约束力，无法有效统筹同层级其他行政部门的行动。因此，联席会议制度这一协作机制虽然存在，但是徒有形式，

未发挥应有的作用。与此同时，即使《关于幼儿教育改革与发展的指导意见》对政府间的职责做出了规定，但由于其层级过低、一些规定比较笼统，导致各级政府和各部门间的协作缺乏政策保障。总之，相关部门之间的协作机制流于形式，导致民办学前教育管理缺位及相互推诿的现象普遍存在。

笔者通过访谈了解到，民办幼儿园的教师队伍建设缺乏规范性。为了减少幼儿园的开支，民办幼儿园以降低教师的专业素质要求为代价来满足幼儿园对幼教老师数量的需求。而对于民办幼儿园来说，由于经费不足不得不降低教师审核标准的问题直接影响了幼儿园的教学水平和办学质量。因此，没有一定的标准来规定幼儿园的收费，缺少一定的规范来限制幼儿园对教师的审核，这是导致公办幼儿园和民办幼儿园学前教育发展不均衡的因素之一。

访谈资料 4：

H 县教育局学前教育股 C 股长：公办幼儿园收费都是有一定标准的，但民办幼儿园只要通过审核了，要多少都是自己定的。而且我们公办幼儿园要什么样的教师，有什么样的标准都是有相关规定的，但有些民办幼儿园就不管这些，也不愿意要有教师资格证、幼师毕业的教师，因为有教师资格证的教师工资相对高些，有些民办幼儿园不愿意承担这些。

民办幼儿园 L 园长：我们也想多招一些学历高、有教师资格证的教师，但是人家不愿意来。愿意来的也会嫌我们给的待遇低，没前途，干不了几天还得走。从成本角度，我们会接受学历低的、没有教师资格证的教师，而且我们希望成本越低越好。

四、政府对学前教育的法律法规不完善

教育政策是教育发展的风向标。我国学前教育相关的法律法规虽然不少，但是较为分散，不够系统，缺乏专门系统的法律法规予以保障。随着《中华人民共和国教育法》《中华人民共和国义务教育法》《中华人民共和国职业教育法》《中华人民共和国高等教育法》等有关教育的法律的颁布和实施，在教育法所规定的四个独立教育学制中，唯一还没有制定专门立法规定的只有学前教育阶段。到目前为止，学前教育领域较为高阶的国家层面的法律法规是国务院制定的《幼儿园管理条例》，该条例是 1990 年制定的，年代久远，至今未适应时代的要求做出修订，其规定的内容比较单一且陈旧，不能较好地符合当前的社会发展现状，也无法解决经济体制和社会结构转型带来的诸多问题。因此，从管理角度看，该条例对学前教育的具体指导作用

也在随着时代的变化而减弱。同样,《关于实施第三期学前教育行动计划的意见》等政策文件未对学前教育的管理制定统一的标准和提出最低的要求,也未提出任何奖惩措施。这些与学前教育相关的法律法规及政策越来越难适应当前不断变化的形势,因此在学前教育资源配置过程中,就会出现很多的缺失,如缺失对不同性质幼儿园的财政投入和主要经费来源的清晰规定,缺失对新形势下如何推动实现普惠性园所发展的具体要求等。

2018 年 11 月 7 日,中共中央、国务院印发了《关于学前教育深化改革规范发展的若干意见》(以下简称《意见》),这个文件针对"入园难""入园贵"等学前教育突出问题提出了一系列重大举措,对当前学前教育深化改革规范发展做出了重大决策部署,也进一步明确了学前教育改革发展的前进方向。《意见》指出要落实政府在学前教育发展中的主导责任,落实政府在园所规划、经费投入、教师队伍建设和监管方面的责任,提出了学前教育总目标,要求 2020 年普惠性园所覆盖率达到 80%,到 2035 年全面普及学前三年教育。虽然该《意见》对学前教育发展有着重要的指导性作用,但是并未上升到法律层面,法律约束力较弱,指导意见总体上较为宏观,只提了发展方向和发展目标,没有涉及奖惩措施,没有明确规定达到什么样的标准会有什么样的奖励,未达标的会受到什么样的惩罚,对学前教育的指导不够具体。在没有明确的法律约束的状态下,政府和社会在法治层面上对学前教育管理的重视度就会降低。

学前教育政策、法律、法规的缺乏是影响学前教育资源配置公平的重要原因,而政策的执行同样影响着学前教育资源的公平配置,所以在实际工作中常常出现政策失真现象,即政策执行活动偏移政策目标或与政策内容不符。[1] 具体表现在以下两个方面。

(一)政策执行的表面化或敷衍化

学前教育政策是为实施和发展学前教育事业而制定的,是学前教育发展的行动准则。但是,由于学前教育一直处于不被重视的边缘地位,学前教育管理机构不完善,管理力量相对薄弱,导致学前教育政策的执行处于表面敷衍或有令不行的状态。表面上政策宣传得沸沸扬扬,实际上并未执行落实。2003 年《关于幼儿教育改革与发展的指导意见》中明确要求"地方各级人

---

① 何婷婷.县域学前教育资源配置的公平研究 [D].武汉:华中师范大学,2013.

民政府要提高对发展幼儿教育的认识，加强对幼儿教育工作的领导，把幼儿教育工作纳入本地经济、社会发展的总体规划……"① 事实上很多地方政府并未按政策执行。C 市至今有些乡镇都没有幼儿园，所以并未将幼儿教育真正纳入本地发展规划中。2002 年《中华人民共和国民办教育促进法》中明确规定"民办学校教职工在业务培训、职务聘任、教龄和工龄计算、表彰奖励、社会活动等方面依法享有与公办学校职工同等的权利"。然而，笔者在调研过程中发现，民办幼儿园教师与公办幼儿园教师在身份地位、社会保障等方面的差异悬殊。实际情况与《中华人民共和国教师法》中的"幼儿教师享受与中小学教师同等的待遇"的明确规定存在差距，现实中幼儿教师与中小学教师在身份地位、社会保障等方面的差距是非常明显的。

访谈资料 5：

城区民办园 L 老师：我们跟公办幼儿园的同行根本没法比，基本工资比人家低，还没人家的稳定，看到人家年底拿到绩效，只能眼红。说起社会地位，虽然幼儿教师本来也没啥地位，但是公办幼儿园的教师要好多了，我们是最没地位的。如果有更好的选择，我肯定转行。

农村民办园 M 老师：我们农村的家长根本不重视幼儿教育，把我们幼儿园就当成看孩子的地方，我们更没啥地位，我们就是看孩子的，孩子在园里有啥闪失，家长都不依不饶的。我们是操着天大的心挣着卑微的工资。

（二）政策执行的不配套或脱节

现有的学前教育相关的政策法规使幼儿园管理和保教工作有法可依，促进了学前教育的改革与发展。但是，在执行过程中，这些政策法规缺乏相应的配套措施或者与配套措施相脱节，不具有可操作性，大大降低了政策执行的效率，导致了"上有政策、下有对策"的现象。《关于幼儿教育改革与发展的指导意见》明确提出："地方各级人民政府要加强公办幼儿园建设，保证幼儿教育经费投入，全面提高保育、教育质量。"但是，在政策执行过程中，由于没有配套的教育财税政策，学前教育财政投入至今没有保障。各级政府都没有单列学前教育专项经费来保证学前教育经费的投入。《关于幼儿教育改革与发展的指导意见》中还指出在发展农村学前教育事业中，乡镇人

① 教育部，中央编办，国家计委，等. 关于幼儿教育改革与发展的指导意见 [EB/OL].（2003-01-27）[2021-01-21]. http://www.moe.govcn/s78/A06/jcys_left/moe_7051/s3327/201001/t20100128_81996.html.

民政府应承担主要责任，包括筹措经费建设乡镇中心幼儿园。但是，乡镇政府通过何种途径筹措经费、主要责任具体有哪些以及多大范围的责任等问题都未明确规定，也没有规定对未承担责任的乡镇政府做什么的处置，这样就会出现有的乡镇政府在学前教育事业上不作为的现象。

　　总体来说，在教育政策层面，学前教育尚存在着许多重要的政策空缺或者说政策盲区。与学前教育相关的法律法规缺乏，法律法规指导作用有限，缺乏足够的权威性和操作性，导致政府缺乏履职履责的依据，于是在学前教育资源配置优化的问题上便出现了不想做、不敢做、不会做、不能做等问题。

五、政府对学前教育的管理体制不健全

　　任何事业的发展都是在政策体制范围内进行的。我国学前教育实行的是"地方负责、分级管理"的管理体制，地方政府对学前教育事业发展负有越来越多的责任。[①] 学前教育资源配置的公平性是受到"地方负责、分级管理"的管理体制制约的。1987年，《关于明确幼儿教育事业领导管理职责分工的请示》明确指出："幼儿教育事业必须在政府统一领导下，实行地方负责、分级管理和有关部门分工负责的原则。"该原则在1989年《幼儿园管理条例》中进一步被明确，"幼儿园管理坚持地方负责、分级管理和各有关部门分工负责的原则，国家教育委员会主管全国的幼儿园管理工作。"[②] 2003年，《关于幼儿教育的改革与发展的指导意见》中继续坚持了"地方负责、分级管理"的管理体制，并在该意见中具体明确了政府对农村学前教育的管理体制。在"地方负责、分级管理"的管理体制下，城乡、区域间的教育资源配置的差距直接受地方财政强弱的影响。而这种管理体制势必会让经济薄弱的农村学前教育成为教育资源配置的"牺牲品"。相比之下，义务教育实行"以县为主"的管理模式，义务教育的重心上移，表面上乡级财政负担减轻了，这样就会更有余力发展学前教育。但在实际中，在"三级办园、二级管理"的管理体制下，乡镇政府事实上还是承担着很大的财政压力。另外，我国到现在还没有立法将学前教育经费单列，政府对学前教育经费的划拨主要由政府的意愿决定有或无、多或少。由于农村税费改革，取消了教育附加

---

① 刘占兰.发展学前教育是各级政府义不容辞的责任：《国家中长期教育改革与发展规划纲要》对政府责任的确定[J].学前教育研究，2010(11)：12-16.

② 国家教育委员会.幼儿园管理条例[R].北京；国务院，1989.

费，导致乡级财政愈加匮乏，难以履行发展学前教育的职责，农村幼儿园一旦失去了乡（镇）、村政府的支持，就会面临生存和发展的重重危机。

近几年，C 市的义务教育实行了"以县为主"的管理模式，相应地，乡级财政可以减轻发展义务教育的负担，进而改善学前教育，但是 C 市县乡镇政府受制于"三级办园、二级管理"的管理体制，仍然在推进义务教育发展中承担着很大的财政压力。C 市目前的学前教育管理体制是由市教育行政部门幼教科负责对全市幼教事业进行统一管理和指导的，同时按照属地管理原则，由各县幼教股——各乡镇中心校对各县乃至各乡镇的学前教育进行统一管理与指导。该市虽有专门的幼教（管理）科，负责幼儿园的审批、督导工作，对全部幼儿园采取年审制度，但是主要审的是建筑标准是否符合要求，而对办园条件以及幼儿园的师资质量等方面的审查要求不多，而且审查对象主要是公办幼儿园，对民办幼儿园的指导和管理相对较少。

通过调查数据显示，政府对学前教育的管理体制不健全，对学前教育的人力资源、财力资源和物力资源等方面的投入程度不够，除了对与学前教育相关的政策法规的制定不完善外，在涉及教师队伍建设体制、学前教育财政投入的资助补助体制及园所基础设施建设的办园体制等方面也存在体制不健全的问题。

从教师的管理体制看，目前我国对幼儿园教师的准入资格及定期审查制度的建设还不够成熟，也缺乏系统性，内容较为零散，分散于相关的法律及条例中。其中对教师的资格、教师的职责与权利、教师的身份与地位、教师的聘任与考核、教师的培训与深造等方面的规定不够完善，对实践的指导价值不高。在各级教育门类中，唯一尚未建立独立的职称评定及晋升等级体系的就是学前教育，这使幼儿园教师的权益得不到足够的保障，也不利于留住学前教育的专业人才。

从财政投入与成本分担机制方面看，由于相关制度不健全，对学前教育投入比例、财权和事权层级下移、具体的奖补原则及操作标准等方面缺乏具体的规定和严格的执行标准，生均拨款、收费、资助一体化的经费投入机制尚未建立，政府投入、社会举办者投入、家庭合理分担机制还不健全，这些都导致在实际执行中对学前教育的投入不足，难以满足不断扩大的需求，严重阻碍了学前教育的发展进度。

从办园体制方面看，现阶段学前教育市场中因办园主题不同而导致园所性质呈现多样化，但是政府层面相应的监管配套政策及措施不能针对不同主题而区分对待，导致对幼儿园办园资质、办园行为、教师资格等审核不严，对办园的软硬件及基础设施建设等没有统一的标准，对教育收费缺少监管等大量问题的出现，一些园所甚至处于监管盲区，使幼儿在园的安全及其他基本权益得不到足够的保障。与公办园相比，政府部门对民办园的财政补贴不足，又缺乏政府部门的监督和兜底保障，这些原因都会加大园所投资者的运营风险，导致学前教育的社会性投资减少，严重降低投资者对幼儿园的投资意向。对于已经投资的投资者来说，还有可能使他们为了逐利而偏离办园宗旨，恶意压低或克扣教师薪资，减少对教育教学软件资源的投入，导致在园幼儿的基本权益甚至安全得不到保障。

笔者通过访谈发现，在学前教育三年行动计划实施之际，C市及下属各县教育行政部门以及乡镇政府对学前教育管理和指导投入的力量较少，管理人员不够，管理资金缺乏，管理执行力不足，督导监管不力。

访谈资料6：

城区公办园J园长：虽然政府这几年也提出了一些促进幼儿园发展的政策和措施，确实有点效果，至少对我们公办园来说是这样的。但效果没有预想的明显。

Y区教育局幼教科L科长：我们对公办幼儿园管理较多，而对民办园的指导较少，尤其是在教育部门发展规划中，各部门分工不明确，协调不顺畅，严重影响了学前教育资源的整合及再分配。

第二节　学前教育资源配置中市场调节机制的缺失

市场在城乡学前教育资源配置中发挥着"看不见的手"的作用，因为市场调节机制的确会影响城乡学前教育资源配置的均衡。

一、学前教育市场的价格机制发挥不充分

通过调查发现，C市幼儿园教师招聘渠道较少，主要有政府、教育行政部门招聘、幼儿园自主招聘和人才市场招聘三种渠道。如图5-1所示，在2区4县，通过人才市场招聘的比例较低，Y区相对最高，达到37%，H县最低，仅占18%。总体来看，通过人才市场渠道的招聘低于40%。

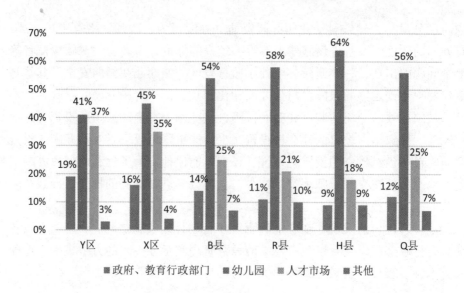

图 5-1　幼儿教师招聘渠道

　　价格是市场的三要素之一，价格机制自然也是一种基本的市场机制。价格机制是指在市场竞争过程中价格变动与供求变动之间相互制约的联系和作用，价格不仅可以调节生产的能力和效率，还可以调节消费的方向和水平，是市场机制中最敏感、最有效的调节机制。通过价格机制的调节，可以有效解决生产什么、生产多少及为谁生产这三大社会基本问题。因此，要想充分发挥市场机制的作用，就要充分发挥价格机制。而在学前教育市场上，公办幼儿园和普惠幼儿园的收费是由政府和行政部门定价和监管的，市场机制并未发挥作用。同时，民办幼儿园的定价较为自主，特别是在经济基础较薄弱的县城，价格机制介入资源配置过程的情况很少。由于缺乏价格机制的调节，县域幼儿园质量参差不齐，总体质量不高，呈现低水平、低质量的问题。问卷调查的数据显示，县域幼儿园整体办园质量处于中下水平。

　　学前教育市场上的供需双方信息不对称也影响了价格机制调节作用的发挥，而县域学前教育市场存在着明显的信息不对称的现象。笔者通过访谈结果得知，县域幼儿园的家长对学前教育市场的信息缺乏足够的了解，特别是经济条件较差的幼儿家长，更加缺乏对学前教育市场信息的了解，对学前教育的质量也无法做出专业判断，基本呈现对学前教育产品被动接受的状态。

访谈资料 7：

R 县的家长 1：在选择幼儿园的问题上，我们还真没有什么专业的判断。除了听过一两所比较有名的幼儿园外，我们也不清楚有多少幼儿园，哪些幼儿园不错。我们选择现在孩子就读的幼儿园就是因为离家近、便宜。

Q 县的家长 2：我们这里没几所幼儿园，公办的幼儿园就 1 所，还挤破头。我们听说现在的这所幼儿园还不错，究竟哪里不错，到现在我们也不太清楚。反正就是幼儿园嘛，在哪都一样。

二、学前教育市场的供求机制失灵

供求也是市场的三要素之一。供求关系联结了生产、交换、分配及消费四大环节，反映了供需双方的关系，是市场矛盾调节的目的和核心。供求机制同样是一种十分重要的市场机制。供求机制可以调节人们对资源的供需不均衡的状态，使之趋于均衡，还可以正确反映价格与供求的相互关系，并对价格机制的形成、社会经济的运行和发展起到重要作用。

然而，笔者通过访谈发现，C 市的城镇化水平较高，农村越来越多的青壮年涌入城市生活，孩子自然跟随家长进入城区接受教育。而且几乎所有访谈者都认为，农村的幼儿园不管是规模大小、师资水平、软硬件等各方面都与城市的幼儿园存在较大的差距。受访者均表示，宁可多付出一些，包括努力和金钱，也愿意把自己的孩子送出农村，送到条件更优越的幼儿园。

访谈资料 8：

B 县的家长 3：我们两口子都来 B 县打工，孩子也带来了。否则在农村跟着爷爷奶奶就是傻玩，我们也希望自己的孩子和城里的孩子一样，能上个幼儿园。城里的幼儿园比农村好太多。

H 县的家长 4：我们目前要用一个人的工资负担孩子幼儿园的保育费，是挺贵的。但看着孩子每天在幼儿园那么开心，贵点就贵点吧。

三、学前教育市场的竞争机制不健全

竞争是市场的天然特性，只要有商品经济存在，就有竞争的存在。可以说，竞争机制是市场经济中最重要的经济机制。竞争机制的基本原则是优胜劣汰，所以市场上的经济主体在竞争机制的作用下，要想通过提高利润达到"优胜"，就必须改进生产技术，提高生产效率，改善经营管理方式，因此在市场竞争机制的驱动下，市场资源配置会趋于高效化。在学前教育市场上，健康的竞争机制可以促进学前教育市场资源的配置高效化，加强幼儿园师资力量建设，提高幼儿园环境建设的积极性，进而提升幼儿园的办学质量。

通过调查发现，在C市学前教育市场资源配置中，不同类型的幼儿园面临的竞争压力不同。其中，公办园园内的设施设备、财政拨款及教师的工资福利都直接由政府监管，并未真正进入市场竞争。民办幼儿园面临的市场竞争则较为激烈，部分民办园由于扛不住压力，故此多通过转为普惠园的方式降低竞争压力，虽然依然受到市场竞争机制的约束，但是竞争的紧张感和压迫感明显降低，办园的积极性也随之降低。只有未转为普惠园的民办幼儿园直面残酷的竞争，努力提高办学水平。竞争机制的存在是幼儿园提升办园水平的动力源泉，只有竞争机制存在，才能优化学前教育市场的资源配置。

访谈资料9：

城区民办园H副园长：现在民办园的生存压力非常大，目前学前教育处于普惠化的大趋势下，我们也纠结了好久要不要普惠。说实话，从意愿上我们不太愿意被普惠，但是现在经济形势不好，如果不普惠，我们很难生存下去。虽然现在普惠后可以生存下去了，但是要想走下去，竞争还是很激烈的。我们既要跟公办园竞争，又要跟普惠性民办幼儿园竞争，还要跟营利性民办园竞争……我们太难了。

第三节　学前教育资源配置中教师保障机制的缺乏

财政投入体制的不健全直接导致教师保障机制的缺乏，而教师保障机制的缺乏又会影响对学前教育教师职业的认同重视度。

对幼儿园教师的职业认同重视不够是一个普遍的社会问题，特别是在经济相对落后地区，由于祖辈家长或家长的文化层次相对比较低，通常会把幼儿园教师看作"看孩子的"，认为幼儿园教师知识储备较低，幼儿园教师的工作很简单，没什么专业性。这些对学前教育、幼儿园教师的错误认识都导致社会对学前教育教师的职业认同重视不够。

通过访谈发现，大多数幼儿园教师对自己从事的职业也缺乏职业认同感和正确的认识。大部分幼儿园教师意识不到学前教育对人的终身发展的意义，他们只是把自己的职责认为是看管和教育幼儿。因此，他们在职业选择和从业期间的职业认同感都比较低。访谈中很多人表示"找不到其他更好的工作才做的幼儿园教师""没有其他的选择就选择了幼儿园教师""先干着看，以后有更好的选择再撤"……其中，学历高和年龄低的幼儿园教师对自身职业的认同感更低一些。学历高的幼儿园教师往往看不起这份职业，觉得"大材小用""英雄无用武之地"；年龄较低的幼儿园教师则大多觉得这个职业太辛苦，压力较大，不体面。幼儿园教师的职业具有特殊性，其教育对象是学龄前儿童，只有热爱自己的工作，能感受到工作带来的幸福感，才会对孩子施以关爱，但如果幼儿园教师职业认同感低，无法体会到工作的价值，甚至厌恶自己的工作，就会对幼儿和自身发展产生不利影响。相比之下，公办幼儿园教师的工资待遇和社会保障都要更好一些，有编制的幼儿园教师更稳定一些，自然公办幼儿园的教师和有编制的幼儿园教师职业认同感相对较高一些。但是，2017 年 C 市教育系统的绩效工资再度调整后，加大了幼儿园教师与其他学段教师的收入差距，使幼儿园教师再度失望，再次出现了幼儿园教师群体职业认同危机。

访谈资料 10：

Y 区公办园教师 5：在城里，公办幼儿园的待遇还不错，但是这份职业压力挺大，很辛苦。我们是专科毕业，觉得还挺满足，好多本科毕业甚至是研究生毕业的小同事，她们会觉得有点憋屈，有点"大材小用"。

X 区民办园教师 6：做幼儿教师也是无奈之举，这个工作太辛苦，又不受人喜欢。比起中小学教师，没什么地位可言。待遇更是和公办幼儿园、中小学教师没法比。

B 县公办园教师 7：这份职业不是自己特别喜欢的，先干着看，以后有更好的选择再撤。公办园里没有编制就是矮人一头，有编制好一些，至少稳定一点。

R 县民办园教师 8：在农村，当个幼儿园教师还不错。但是也没啥地位。工资待遇微薄，仅够糊口。

这种状态无法有效保障教师和幼儿的合法权益，导致农村学前教育总体状况不容乐观。同时，农村学前教育师资力量缺乏严重阻碍了河北省 C 市的农村学前教育的发展，成为该市农村学前教育发展的最大短板，暴露出教师资格证过关率低、教师编制不足、教师年龄及性别结构不合理、教师的学历水平偏低、教师的专业素质不高、教职工工资待遇偏低等各种问题。

通过调研发现，在月收入和福利待遇方面，农村幼儿园教师的收入和福利待遇与城区的幼儿园教师相差甚远。月收入在 2 500 ~ 3 500 元的某区幼儿园教师比某村中心园幼儿园教师高出很多；月收入在 3 500 ~ 4 000 元的区幼儿园教师比某村中心园幼儿园教师高出很多；在住房公积金上，某区幼儿园教师比某村中心园幼儿园教师高出很多；在带薪休假上，某区幼儿园教师比某村中心园幼儿园教师高出很多。而在年终奖、交通补贴等方面的福利待遇上，农村幼儿园教师少之又少，有些福利待遇根本就没有。

　　由于农村幼儿园教师在月收入和福利待遇方面不高，农村幼儿园对高素质人才的吸引力严重不足。通过调查发现，C 市农村幼儿园教师高学历的很少，专科学历的幼儿园教师占比达 33.2%，高中 / 中专及以下学历的幼儿园教师占比 64.4%，本科生学历的幼儿园教师只占 2.4%，没有研究生学历的幼儿园教师。通过对比发现，在 C 市城区幼儿园教师中，有本科及以上学历的幼儿园教师占比为 35.5%；专科生为主体，占 66.1%；高中 / 中专及以下学历的占比 6.4%。

　　访谈资料 11：

　　农村公办园 W 园长：现在我们园面临最大的问题就是师资问题，因为环境差，好点的老师不来，留下的老师又无法提高人家的待遇，去了县城当个服务员好好干一个月都能挣上 3 000，导致有的教师想留也留不下了。

　　农村民办园 Q 园长：我们根本找不到有教师资格证、学历高一些的幼儿园教师，只能在当地招一些相对学历高点的幼儿园教师，但是比起城里的幼儿园教师学历仍然差很多，专业性也很差。

　　从访谈中可以看出，农村地区的幼儿园教师工资水平远低于城市地区教师的工资水平。高的薪资待遇更能吸引学历高、专业素质强的幼儿园教师。因此，幼儿园教师工资水平的城乡差异严重。农村地区很难吸引学历较高、持有教师资格证的幼儿园教师，甚至存在大部分"三无人员"，即无编制、无职称、无教师资格证书。幼儿园教师长期身份编制不落实、待遇差，幼儿园教师职业缺乏吸引力、队伍不稳定、整体素质不高，这是影响城乡学前教育资源配置不均衡的重要原因之一，远远不能满足学前教育资源扩充的需要。

第四节 学前教育资源配置中财政投入体制的不健全

一、"城市优先"的发展理念影响政府的财政经费划拨

长久以来，历史上每个朝代的区域经济发展都是非均衡的，城市的商业经济发展的速度远超农村的小农经济。城乡经济发展中的差距长期存在，但这种差距被认为是正常现象并逐渐被人们适应和接受，于是产生了"城市取向"的思想。这种思想体现在所有"以城市发展优先"的经济战略里。随着实施"城市优于农村"的经济发展战略，原本就非常有限的学前教育资源迅速聚集到经济发展较好的城镇，于是"示范园""一级园所"等重点园所建设项目在城镇批量落成，而农村的学前教育由于缺乏资源表现为发展滞后、发展速度缓慢且发展质量较差。这实质上有悖于罗尔斯提出的"起点公平"的原则。在进行资源配置时，政府决策在一定程度上会受到"城市优先"发展理念的影响，即在城镇地区进行资源配置时发挥职能作用的力度要远远强于农村地区。随着普惠时代的到来，对优质的普惠性学前教育的发展需求给农村的学前教育发展带来了机遇。但"城市优先"的发展政策影响深远，给农村学前教育的发展带来了现实压力，导致农村幼儿园的发展情况不容乐观。由于城镇地区学前教育资源相对较多，政府对城镇地区教育资源的配置已经操作过多次并相对熟练，并在城镇教育资源配置过程中逐渐形成了一套较为灵活、成熟的操作程序，操作起来更快速高效。于是，在向普惠性学前教育转型的过程中，城镇地区具有明显的优势：底子厚、起点高、转型较为容易。相比之下，政府在农村地区的学前教育资源配置过程中履行职能的主动意识较弱，农村地区的学前教育资源配置的劣势为底子薄、起点低、转型困难。C市农村地区的学前教育资源特别是硬件设施方面，由于"农村自给为主"，园所的硬件配套设施不齐全，导致农村园所缺乏市场竞争力，城乡学前教育差距较大。

基于C市城乡之间学前教育资源配置差异现状的分析，"城市优先"发展的理念影响着政府的财政经费划拨，加剧了城乡之间学前教育资源配置的差距。社会经济的发展情况是学前教育资源配置的基础，社会对优质的学前教育资源的需求不断增长，理想的状态应该是经济的发展会促进优质的学前

教育资源数量的增多，但实际上是在经济发展水平较好的同一区域内，学前教育资源的差距也十分明显。政府加大财政投入是为了弥补市场失灵，发挥"看得见的手"的作用，主动提供正外部性较强的产品与服务，而学前教育作为准公共产品，属于政府发挥职能的范畴。但在"以经济建设为中心"的社会发展背景下，基于"城市优先"的发展理念，政府这只"看得见的手"重视城镇地区，忽视农村地区，在一定程度上导致经济发展水平较弱的农村地区在学前教育发展的起点上落后于城镇地区。经济发展水平直接制约着教育资源的优化配置，经济发展水平较低的农村地区自身发展动力不足，就无法获得充分的学前教育资源的支持，有限的学前教育资源集中于城镇地区，在一定程度上加大了学前教育资源城乡配置之间的差距。

二、"城乡二元经济"模式制约政府的财政经费投入

经济是教育发展的物质基础和条件，经济发展到什么样的水平，教育才能发展到什么样的水平。[①] 计划经济模式的长期存在对我国的经济发展产生了极大的影响，进而在我国形成了城乡二元经济结构。这种二元经济结构模式会对相应的社会结构产生一定的影响，进而对不同的行业和领域产生影响。自然，这种二元经济结构模式也在影响教育领域，出现了十分突出的城乡二元分化结构，直接导致了学前教育资源城乡配置失衡的状态。

随着我国经济和社会事业的发展，农村学前教育对学前教育事业及社会发展的贡献也明显提升。虽然 C 市的经济发展水平在河北省全省排名位居前列，但是在教育事业方面还是以发展义务教育为主，对学前教育的财政经费投入非常有限。基层政府对学前教育的投入普遍不足，导致 C 市幼教市场比较混乱。许多县、乡镇对学前教育的重要性认识不足，并未将其纳入 C 市当地经济社会发展规划，而是将学前教育机构的建设推向市场，这难以规避市场机制的缺陷，很难避免出现市场主体混乱无序的状态。在这种体制下，城市学前教育得到的资金投入比乡村地区要高得多，这与城乡的经济发展水平差异较大有关。城市地区的学前教育发展较早，市级政府机构对学前教育的重视度较高，直接影响着当地学前教育的财政投入比例，与城市学前教育相比，农村学前教育的发展则处于劣势地位。

从学前教育财政经费角度进行分析，河北省 C 市和同省及其他省份各市

---

① 靳希斌.教育经济学 [M].北京：人民出版社，2009: 93.

一样，学前教育公共投入体制实行的是低重心分权型体制。在这种体制模式下，在对学前教育进行财政投入的时候，相应的投入责任基本全部由相应地区的地方财政负责，之后再转至不同的地方政府负责落实。但是，在实际落实过程中，学前教育投入活动中并没有将学前教育经费进行专项单列，导致续签教育经费的投入方面缺乏足够的稳定性和可持续性。尤其是农村地区长期存在学前教育财政投入的结构性不均衡以及投入数量短缺的问题，严重制约了当地学前教育水平的提高。

国家号召各级办园单位对所办幼儿园给予扶持，但并没有正式的法案出台，缺乏相关政策的强制性，导致很多办园单位对所办园所的扶持积极性不高。而且各地区政府部门在学前教育上的财政支持比例没有统一明确的规定，很多地区政府机构像河北省 C 市一样对当地学前教育的扶持力度不够。由于不同地区的经济发展水平有差异，城乡的财政支持也有明显的差异。对于县域幼儿园来说，收入的主要来源是学费和当地政府机构的补助，但是地方财政本来就吃紧，加上地方政府对学前教育的重要性认识不足，导致地方政府对乡村学前教育的补助严重不足，因此农村幼儿园的唯一收入来源就是幼儿学费。由于各地区经济发展不平衡，农村家庭贫富差距较明显，幼儿园的收费标准很难统一。如果收费过高，农村贫困家庭难以接受；如果收费过低，就会影响到所在乡镇和农村单位的办园积极性，甚至影响到农村幼儿园的生存。除此之外，由于取消了农村教育附加费，农村幼儿园经费愈加紧张，使农村学前教育的发展面临着严峻挑战。

第五节　学前教育资源配置中二元城乡文化的影响

国家政策在公共产品的供给上具有明显的倾斜性，一直遵循"农村自给为主，国家支出为辅"的原则，这就造成了城市学前教育一直优于农村学前教育的不公平的社会现实。[①]《幼儿园教育指导纲要（试行）》中针对学前教育"短板"问题明确了重点发展农村学前教育的战略。随着两轮"三年行动计划"的开展，C 市政府也采取了多项措施，以推动当地农村学前教育的发展。但城乡二元文化差异的根深蒂固严重影响着农村学前教育的发展。由此可见，城乡文化的差异是制约农村学前教育发展的重要因素，也是导致城乡

① 　郭雄伟 . 近十年来我国学前教育公平研究述评 [J]. 当代学前教育，2011(1)：45-48.

学前教育资源配置失衡的重要原因。

一、城乡学前教育可利用文化资源的差异

城镇地区和农村地区的地理环境存在明显的差异：城镇区域大多在相对平坦开阔的地方，而农村居住的选址首要考虑的是自然环境是否利于农作物和经济作物的生长，大多会选在耕地附近。从社会发展的角度看，城镇是以中心发展为目的，有方向、有规律地向外辐射扩散而不断推进发展的，居住区和生活区之间有较为清晰的界限，而且相对集中；农村地区以散居为主，大杂居、小聚居或零星分布。这些地理环境的差异影响了城乡的经济发展。

相较农村，城市的整体经济实力更强，所拥有的文化资源更丰富，教育文化资源也有更明显的优势，而农村公共文化服务建设经费紧缺、阵地缺乏、设施老化、队伍流失，严重制约并影响着其文化信息需求。①

本书对城乡 507 位老师的问卷回收数据进行分析，图 5-2 是此次"城乡学前教育发展差距"的调查统计结果。通过整理数据发现，认为"没有差距"的占 2.9%，认为"有点差距"的占到 15.3%，认为"存在差距"的占 51.0%，认为"存在较大差距"的占 19.7%，认为"存在很大差距"的占 11.1%。总体来看，不同程度认为城乡学前教育发展存在差距的比例高达 97.1%。由此可见，城乡学前教育发展存在差距已经成为共识，而且差距越来越大。在调查走访中发现，城乡学前教育文化资源的差距非常明显，其中 C 市农村公办幼儿园的硬件和软件设施都比较差，教室布置极为简陋，室外活动场地不超过 40 平方米，大型玩具只有一个小滑梯。

---

① 王振存.文化视域下城乡教育公平研究 [D].开封：河南大学，2011.

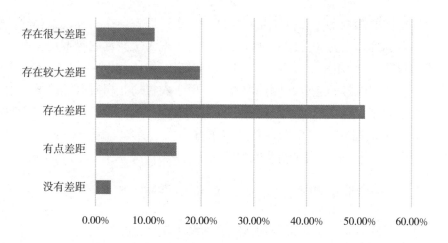

图 5-2　城乡学前教育发展差距调查结果

在公共文化资源方面，城区幼儿园可以利用所在地区的博物馆、文化体验馆、图书馆、生态公园、社区等公共文化资源进行多种形式的主题活动。农村的公共文化资源相对匮乏，文化资源更新速度缓慢。虽然农村的幼儿能够更接近大自然、更接近生活，但相对于城市的幼儿来说拥有的社会文化资源仍极为短缺。

访谈资料 12：

C 市教育局基础教育科 S 科长：现在农村幼儿园的文化设施条件十分薄弱，发展相对缓慢，自 2011 年开始实施"三年行动计划"，政府主要通过划拨资金在农村改扩建幼儿园的方式，尽量让农村幼儿有园可入，但这些划拨的资金远远不够用于文化设施建设，更别说文化资源配置。

访谈中的农村幼儿园的园长表示，C 市其实有着较为深厚的历史文化，特别是全国上下都在关注的大运河文化，将传统文化融入幼儿园课程是很好的教学资源。但是，由于公共文化设施建设薄弱，城区的文化博物馆、图书馆等公共文化资源距离农村较远，不仅会增加资源享用成本，还要考虑幼儿的安全问题，农村幼儿很难亲身体验，只能通过图片、模型、故事等方式间接感知，效果并不理想。

在调查过程中，农村幼儿园教师普遍反映政府对学前教育的重视程度不高。农村的生产力和生产方式决定农村的文化具有相对保守性和滞后性，这种文化氛围严重制约了农村学前教育的发展。在农村保守文化的影响下，农村幼儿园基本被认为是进入小学的过渡或将其看作以养育为主的场所，在这种价值取向的影响下，农村幼儿园的创办者或管理者会在硬件设施和软件配置上降低标准。农村幼儿园的硬件设施主要表现为玩教具配置不足，教室区角设置缺失，生均图书量不足，户外活动场地狭小，户外大型玩具设施陈旧、老化或欠缺等问题；在软件配置上，由于农村幼儿园对科学的教育理念宣传贯彻程度低、教师的接受程度低，虽然教师对学前教育理念有一定的了解，但还是根据乡村文化所特有的需求方式实施教学。因此，农村幼儿园"小学化"十分严重，农村幼儿园教师缺乏学习动力、反思能力和积极性。

二、农村地区接受教育的功利价值取向

在农村幼儿园，绝大部分幼儿园教师及工作者都是当地人，他们对学前教育的观念、思维方式、工作方式等都会不同程度地受到传统乡村文化的影响。其中，学习文化受传统乡村文化的影响而具有明显的功利价值取向。这种取向不仅表现为教师培训的功利取向，还表现为幼儿园课程内容的功利取向。

教师参加学习培训的功利价值取向主要表现为培训的主动意识的薄弱和参培内容的功利化。调查数据显示，城区学前教育教师有 64.2% 的认为培训非常充足或比较充足，农村学前教育教师则有 39.1% 的认为培训比较不足或非常不足，城乡呈现出比较明显的两极分化。城乡教师参培情况呈现显著性差异（t=13.115，P=0.000 < 0.001），城区教师培训情况（M=3.62，SD=0.81）显著优于农村教师（M=2.69，SD=0.79）。

访谈资料 13：

城区公办园 W 老师：参培是好事，我们都非常珍惜培训的机会。我们有园所定期统一的培训，围绕环境创设、园本课程、园本教研等，也会选派骨干参加国培或者其他专项培训，机会还是挺多的。

城区民办园 L 老师：我们没有公办幼儿园那么多参培的机会，但是园所也会给我们创造机会尽可能地参加培训，我们也很清楚，要想提高自己的竞争力，就得学习。我们有教研组的培训，有幼儿园的统一培训，主要围绕环境创设、安全管理、工作制度这些。

农村公办园 S 老师：幼儿园组织的培训不太多，有教育局每年要求参加的培训任务，理论上都是骨干参加，现在也是随意分配。像国培这样的培训，一去就是半个月到一个月，很多人不愿意。现在为了评职称，这样的机会也珍惜起来了。

农村民办园 M 老师：我们一般会有不定时的园所培训，与其说是培训，不如说是临时开会。有时候还会耽误我们的下班时间。大家大多在应付，没啥效果。

通过对城区和农村幼儿园教师的访谈，了解到幼儿园教师在参加培训的主动性和参培内容上存在较为明显的差异。城区幼儿园教师具有较为主动的学习意识，城区幼儿园的学习氛围较好，幼儿园园所培训的内容较丰富且专业化明显。通过调查走访发现，城区幼儿园尤其是公办园幼儿园教师的学习培训机会较多，而且培训的质量较高，如"国培计划""环境创设""园本课程""园本教研"等。即使没有统一组织的培训，有的幼儿园教师也会主动进行研修专业。还有的幼儿园自发成立教研小组，针对当前的教育热点问题、政策、实践难题等进行研讨。相比之下，农村幼儿园教师的学习功利性较为明显，他们参加学习培训主要是为了提高待遇或者利于晋升，农村幼儿园的学习氛围不够浓厚，专业化的学习机会较少。有的农村幼儿园教师反映他们参加的培训内容来来回回就是那几种，如消防安全、工作制度、家长工作，缺少学前教育的专业培训。

访谈资料 14：

农村公办园 W 园长：我们农村的公办幼儿园不像城区的，生源压力还是很大的。一边是政策要求"去小学化"，一边是家长要求学算数、学拼音，我们也是左右为难。每到招生季，我们都会搬着桌子到街头跟民办幼儿园争生源，但是我们真的没啥优势。

农村民办园 Q 园长：我们肯定不会"去小学化"，去了小学化，我们等于把自己逼上死路了。现在的农村家长就是要求多学知识，否则就农村幼儿园这些条件，玩也玩不好，如果再不学点东西，就没人愿意把孩子送来了。我们也知道要有科学的教育理念，但是光要理念，就得喝西北风了。

农村幼儿园存在严重的"小学化"倾向，缺乏科学的学前教育理念。学前教育是基础教育的启蒙阶段，该阶段的活动安排、课程组织、教学形式、师生关系等各方面与基础教育存在巨大的差异。在农村保守和落后的文化氛围影响下，农村幼儿家长会将幼儿园简单等同于小学，认为幼儿园就是进入小学的过渡，幼儿园的功能就是为了幼儿进入小学进行知识铺垫和积累，以减轻入小学后的学习负担。因此，大多数农村家长对幼儿园具有明显的功利化需求，即他们认为孩子在幼儿园需要学习基础知识。在农村，公办幼儿园要与具有营利性质的民办幼儿园抢生源，因此尽管一些农村的幼教工作者还是想坚持科学的学前教育理念，但是最终也抵不过农村幼儿家长的功利化需求，这加剧了农村幼儿园的"小学化"倾向。走访的农村幼儿园班级环境布置简陋，不少幼儿园中班、大班的幼儿上课形式和内容与小学无异，班级区角布置较为少见，玩教具材料投放数量也不多，绘本数量很少。无论是环境创设、操作材料投放，还是幼儿园教师的专业素质等，在农村特有的保守、滞后的文化下都被忽视了。

三、幼儿园教师就业观的功利性

当前，学前教育质量越来越受到关注。幼儿园的师资专业水平是幼儿园健康运行的关键因素，直接影响着幼儿园的办园水平和质量。

长期以来，我国幼儿园教师管理体制是以园所为单位的，幼儿园对教师的任用、晋升、评优等享有管理权限，掌握着幼儿园教师专业发展的大权，也决定着本园幼儿园教师的生存现状。因此，幼儿园教师往往有"单位人"情节，即把自己看成某园所的"单位人"，将自身的福利待遇以及专业发展都依靠园所，对园所有着根深蒂固的依赖。[①] 这样，多数当地幼儿园教师内心向往去城市工作，他们更关注自身的发展前景和利益得失，并没有把农村学前教育事业的发展视为己任。在走访过程中了解到，农村的孩子只要有机会出去读书，大多会留在城市工作，很多家长也觉得自己的孩子在城市里工作有面子，认为在城市的工作待遇、工作环境、发展前景都要比农村优越很多，导致源源不断的优秀幼教人才汇聚城市。有从事学前教育意愿的幼儿园教师更愿意去城市那些环境优越、福利待遇较高、教学资源丰富的幼儿园或学前教育机构，于是就产生了"城市单位人"的意识。城区里的"名园"依靠自身的优势条件吸引优秀的幼师人才，逐渐在社会上形成了"名师骨干"应该在城区"名园"的认知定式。于是，由于"城市单位人"意识的存在，城乡幼儿园教育资源配置形成了"马太效应"。

当前，很多农村地区的幼儿园教师在数量上并不紧缺，紧缺的是优秀的幼儿园教师。农村的幼儿园希望城区骨干教师、名师、优秀的幼儿园教师到农村进行实践交流，使农村幼儿园得到专业指导并能科学发展。从教师就业价值取向的角度来说，专业教育与管理理念在农村水土不服也会影响人才走

---

① 肖正德，林正范 . 农村教师的发展状况和保障机制研究 [M]. 杭州：浙江大学出版社，2014：154.

向。C市为发展学前教育，大力支持当地高校发展学前教育专业，每年拥有的学前教育专业毕业生也不少，但是通过对C市一本高校的学前教育毕业生的访谈了解，大多数农村的毕业生认为自己学习的专业知识在农村的幼儿园并不适用，一是因为农村幼儿园的硬件软件设施的限制，二是因为农村的文化背景与科学的学前教育理念相悖，所以他们毕业后不希望回到农村发展。

《教育部关于大力推进城镇教师支援农村教育工作的意见》中对乡镇骨干教师的比例标准进行了明确规定，有效促进了城乡师资合理配置及城乡师资的结构分配。为了缓解城乡学前教育的失衡发展，C市也在引导城区优秀的幼儿园与农村薄弱园之间开展园际帮扶活动。走访中，很多农村幼儿园教师反映城区的"名师"给他们带来了许多新颖的教学和管理理念，对农村幼儿园的发展有一定的启示。但是，由于所处的文化背景和环境有所差异，有些先进的理念和方法并不适用于农村幼儿园。尽管通过一些政策优惠、发展晋升等方面的激励方式鼓励城区的优秀幼儿园教师深入农村地区，但城区教师普遍抱怨农村地区的条件太差，而且工作路途太远，他们的教育方法和管理方式到农村幼儿园还需要针对农村实际情况进行调整。于是，城乡教师交流本应自愿、公益，但现实中不同程度地出现了指令性、私利性和形式性。[1]

访谈资料15：

城区公办园W老师：政府引导幼儿园之间相互帮扶的初衷是好的，但是在实施过程中我们发现，城区幼儿园中一些较好的教学理念、管理方式、环创设计等方面到了农村都水土不服了，这些理念和方法在一定程度上受农村经济、文化及政策的影响。

---

① 叶飞.城乡教师交流的"异化"及其对策分析[J].中国教育学刊，2012(6)：17-20.

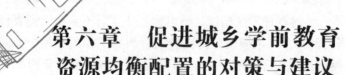

第六章　促进城乡学前教育
资源均衡配置的对策与建议

第一节　理念先行，政府带头更新观念

　　教育理念是影响教育资源配置的重要因素，目前学前教育资源配置不均衡是受到政府对学前教育价值的理念认知偏差的影响。要做到学前教育资源的公平配置，必须理念先行，正确认识学前教育资源配置的公平问题。美国教育学家布鲁姆做过一个调查，他对学生过去的学业进行重新分析，在儿童中等教育结束前用传统的智力测验所得出的成绩差别一半以上可以由儿童本人 6 岁时测得的一些成绩差别来解释。布鲁姆通过调查结果的分析指出，儿童的智力差异大多在其进小学时就已经存在了。因此，错误的学前教育阶段，"指望在义务教育阶段来实现机会均等已经是不现实的了"[①]。英国学者威斯曼也在一项儿童研究中有类似的发现，儿童的年纪越小，受环境的影响越大，而且影响程度呈现随着儿童的年龄增长而降低的趋势。鉴于这样的发现，"若要实现有限教育资源最有效利用的理想，应通过学前教育的提供来解决环境因素所造成的教育劣势"[②]。由这些研究结论可知，解决学前教育资源配置公平的问题对学前教育及整个社会都有极大的促进作用。因此，学前教育资源公平配置的重要性理念需要被广泛宣传、接受、认同，并付诸实

---

① 　鲍传友.教育公平与政府责任 [M].北京：北京师范大学出版社，2011：209.

② 　杨莹.教育机会均等——教育社会学的探究 [M].台北：师大书苑有限公司，1995：166.

践。政府是最为关键的主体，应带头更新观念，重视学前教育的公平发展。

从 C 市政府角度来说，C 市学前教育资源配置不均衡的现状不是一蹴而就的，它与 C 市各地的经济发展水平、教育观念、学生人口规模、国家的教育政策以及本地相关政策等各种历史因素和现实因素有关，其中地区经济发展不均衡以及城乡之间的经济差距是学前教育资源配置失衡的根本原因。所以，政府需要基于经济发展差距，树立学前教育资源均衡配置的理念，设定硬性指标，在 C 市政府绩效考核的指标体系中加入学前教育均衡发展的指标，并建立责任追究制度，将其纳入政府执政理念中。C 市政府应充分考虑本地学前教育的需求，更新教育观念，将学前教育与义务教育和高中教育放在同等重要的地位。在承认学前教育资源配置恒定差异的基础上，树立教育公平理念，改变资源配置方式，采取多元化补偿形式。比如，向落后乡镇投资，适当地政策倾斜，将乡镇中小学布局调整后富余的校舍或其他公共资源等转型为学前教育资源等①，通过补偿方式努力缩小城乡之间、公办园与民办园之间学前教育资源配置的差距。

从 C 市的学前教育机构角度来说，应该树立正确的办园理念，充分尊重幼儿个体发展，努力改善办园质量。C 市的学前教育机构到目前为止仍以民办园为主，园所不能仅仅考虑营利，而应充分认识到学前教育事业的社会责任，担当起为国家培养全面发展人才的职业使命，遵循科学的幼教规律，转变"小学化"的教学模式，对办园的师资配备、办园条件等进行利弊权衡，为幼儿提供符合其身心发展特点的园所环境，不断提高师资水平，改善办园条件。

从 C 市的民众角度来说，应该认识到学前教育要遵循幼儿成长发展的规律。这样才能促进幼儿的身心健康、人格品质、学习习惯、社会性的形成等良性发展，从而树立正确的人生观、价值观。C 市政府应呼吁民众树立正确的学前教育理念，掌握科学的学前教育规律，充分认识到幼儿的学习应以游戏为主，要主动抵制幼儿园的"小学化"。只有民众的学前教育理念正确了，学前教育机构"小学化"的压力才会减少，才会把更多的学前教育资源用以提高教学质量、增加园所的设施设备等。

---

① 虞永平.改造富余校舍 扩大学前教育资源供给[J].人民教育，2011(21): 23-25.

第二节　坚持政府主导，强化政府职能

一、坚持政府主导学前教育资源配置的发展方向

教育是一项伟大的事业，能够提高人们的综合素质，能够促进人的全面发展，能够促进民族振兴和社会进步，对中华民族伟大复兴具有决定性的意义。众多研究表明，学前教育不仅能促进个体的全面健康发展，有效地提高教育的整体效益和家庭生活的质量，还可以为接受学前教育的直接对象（适龄儿童）之外的其他社会成员带来长远而广泛的经济与非经济效益，而且这些收益可以被绝大多数公民无排他性地共同享有。[①] 另外，学前教育还可以通过保障教育的起点公平打破贫困的代际循环，促进社会公平，维护并增进社会稳定，对经济、政治、社会和教育的可持续发展产生长期而巨大的影响。学前教育具有明显的公益性。公益性是将学前教育纳入公共服务体系，学前教育事业健康而有序地发展是政府的重要责任。中外相关研究表明，学前教育并不是我国传统观念中的福利事业，而是一项应该由政府主导发展而不是推给市场调节的公共事业。[②] 提升学前教育的公益性不能单靠社会、市场或学前教育机构自己解决，必须借助政府的力量，发挥政府在学前教育事业发展中"第一责任人"的角色。

《国家中长期教育改革和发展规划纲要（2010—2020 年）》基于对学前教育重要性的认识，对学前教育进行了科学定位，将学前教育作为未来十年教育发展的八大任务之一，提出了"基本普及学前教育"的重要战略目标，明确了政府的责任，提出了"建立政府主导、社会参与、公办民办并举"的办园体制。政府要坚持学前教育资源配置的主导，其在普及学前教育、构建学前教育公共服务体系中具有不可推卸的责任。我国区域间差异大，无法推动各地执行标准化的"统一发展模式"，区域间发展需要依靠各级政府在相关文件指导下，综合考虑本地区经济社会发展水平及教育文化发展水平，确

---

① 孙绪华 . 江苏省学前教育资源配置失衡现状及对策研究 [D]. 南京：南京师范大学，2013.
② 彭世华，谭日辉 . 县域学前教育均衡发展的现状及对策——关于湖南省县域学前教育均衡发展的实证研究 [J]. 幼儿教育，2007(18)：21-24.

定适合本地区的分阶段目标。学前教育资源的区域间均衡配置自然也需要政府发挥主导作用才能实现。

二、落实政府在学前教育资源配置中的职责

在调查过程中，幼儿园园长、幼儿园教师、幼儿家长被问及"您认为 C 市城乡幼儿园之间发展差距如何"时，认为没有差距的分别是 0%、2.9%、0.8%，认为存在较大差距的分别是 39.2%、31.9%、36.9%。鉴于 C 市学前教育既有的属地管理体制，应建议构建市（县）统筹、市（县）乡镇共建的管理体制。

C 市政府应该根据全市学前教育发展情况及人口变化趋势，制定全市学前教育事业的发展规划，负责全市学前教育规划的实施与布局调整，安排并落实学前教育专项经费，统筹管理全市城区和乡镇各类的学前教育机构、教师人事和幼儿管理。乡镇政府在一定程度上要协助市（县）政府管理，统筹管辖范围内的幼儿园建设，负责建设并办好乡镇中心幼儿园，积极筹措办园经费，完善内部配套，改善办园条件。政府要把发展学前教育纳入当地社会经济发展的总规划，并且将其作为下级政府领导的任期目标。

为落实政府责任，除了保证 C 市教育行政部门中设立专门的学前专职管理机构、配备专职人员外，还要求乡镇配备学前教育的主管专员。城乡均应建立完善的幼儿园教学指导、师资培训、教学研究、办园水平综合评估等管理机制，形成幼儿园管理的常态化。

三、强化政府职能，创建学前教育激励环境

"以经济建设为中心"的政府职能定位和"城市优先"的发展理念影响着政府决策，导致学前教育资源整体数量不足、质量不高，限制了学前教育的发展。强化政府职能，创建学前教育激励环境，就是要政府承担起提供学前教育这种准公共产品的责任。随着社会经济的发展，社会对优质学前教育资源的需求不断增长，这对增加学前教育资源有着积极的作用，但同时加剧了学前教育资源配置的城乡差距。明确政府职能在学前教育资源配置中的重要地位，合理配置区域间学前教育的资源，增加学前教育资源的供给数量，提高学前教育资源的供给质量，规划好城乡间资源配置的布局是政府履行自身职能的责任和目标。经济职能是政府优化学前教育资源配置的重要手段，

政府要厘清责任、目标和手段的关系，创建有效的学前教育激励环境。

地方政府要建立起相应的激励机制，把教育补偿作为政府绩效评价的指标之一。要坚持教育公平的原则，落实教育补偿制度，实现经济效益和社会公平并重。政府要建立对幼儿园办学质量评估的评价体系，制定评价细则，对幼儿园的组织结构、师资队伍、资源配置、教研活动等各方面进行评价考核。学前教育事业的均衡发展需要所有幼儿园共同努力，可建立激励机制，对表现优秀的幼儿园进行奖励，提高幼儿园办园的积极性，提升幼儿园的办园水平，并发挥优秀幼儿园的示范引领作用，带动其他幼儿园的发展，实现不同地区、不同性质的幼儿园共同发展，实现学前教育的均衡发展。

四、完善政策法规，保障教育资源合理配置

学前教育是幼儿习惯、意志力、自信心等非智力因素培养的重要阶段，是为个体全面、健康、终身发展奠定基础，面向全体公民的国民基础教育，具有明显的公益性和普惠性。发展学前教育事业是政府的基本职责，要努力构建覆盖城乡、布局合理的公共学前教育服务体系。

在当前社会跨越式发展的形势下，已经颁布多年的学前教育法律法规条文已经明显不能适应当下形势的发展变化，亟待修订完善。虽然有完善的学前教育法律法规，从指定到实施再到社会自觉意识的形成都需要经历相当长的时间，但学前教育法律法规的制定道德动势至少能表明学前教育法律法规制定的基本立场和基本态度，这对把握学前教育发展的大方向具有重要的指导意义。当前，学前教育资源城乡配置的差距影响着学前教育的发展。在这种严峻的情况下，加快学前教育法律建设，积极进行立法完善是非常必要的。中共十八届四中全会提出了全面推进依法治国的方略，其中依法治教是依法治国的重要内容。世界各国都普遍重视教育的立法工作。在国外，对本国教育资源进行合理调控配置和有效管理的流行趋势是通过教育立法。例如，美国在学前教育方面拥有相对完善的立法体系，并积累了大量的立法经验，可供我们参考。由此，我们可以借鉴国外的做法，立足当地教育的实际情况，针对不同阶段、不同类型的教育制定相应的法律法规，设置专门的政府机构专门负责对政府的学前教育相应职能进行管理和监督。当前，我国学前教育领域的法律存在一定的空白，学前教育的法律法规存在明显的不足，法律建设不完善，法律体系不完整，现有的学前教育法律法规所具备的权威性相对较弱，而且缺乏强有力的操作性，缺乏完善的问责机制等，这些学前教育立

法不完善的现实表现会导致学前教育相关利益方权利缺乏兜底保障，使学前教育领域问题频出，这些都表明学前教育立法迫在眉睫。政府应该不断加强不同层级、不同功能的法律法规的制定，构筑起完善的学前教育法律体系。

通过学前教育立法，可以进一步明确学前教育应有的法律地位，可以进一步明确各级政府和有关部门发展学前教育的责任，进一步明确教育资源均衡配置的大方向，加大对学前教育领域违法违规行为的惩治力度，依法保障学前教育健康、可持续发展，更好地保障学前教育资源配置相关工作的顺利开展。坚持以公平原则、均衡原则和补偿原则为基本的立法价值取向，将学前教育资源配置、财政经费投入等向弱势地区（如农村地区、贫困地区、边远地区和民族地区等）倾斜，优先保障弱势地区学前教育的发展，优先保证贫困或低收入家庭、流动家庭幼儿和留守幼儿等弱势群体接受学前教育，坚持公平兼顾效率和弱势补偿的原则。

通过学前教育立法，针对学前教育在教育资源配置方面的不同问题，可以更好地对各项活动和工作的开展予以明确和指导，从而使学前教育资源城乡配置过程有法可依、有法必依，达到更好的指导效果，并起到约束作用。通过学前教育立法就是通过法律的力量，从根本上保障学前教育事业的健康发展，更好地推进学前教育资源的优化配置，最终促进学前教育资源的均衡发展。

第三节　构建稳定的经费保障机制

一、加强区域经济协调发展

加强区域经济协调发展是 C 市学前教育资源均衡配置的根本所在。学前教育事业的发展需要大量财力资源的支持和保障。学前教育财力资源的重要来源就是各级政府的投入。目前实行的"地方负责、分级管理、以县为主"的教育财政投入体制在很大程度上决定着所在地区的经济发展水平。有研究表明，各地区间学前教育投入的差异主要是由各地区的经济发展水平和财政能力的差距造成的，并且各市人均 GDP 和人均财政收入分别与学前教育的投入存在显著的相关性，并且影响系数较大。[①] 因此，要缩小 C 市各地区学

---

① 孙绪华 . 江苏省学前教育资源配置失衡现状及对策研究 [D]. 南京：南京师范大学，2013.

前教育财力资源配置的差距，必须从根本上推动弱势地区的经济发展，增强弱势地区的经济实力，并促进区域经济的均衡发展。只有提高 C 市各地区的经济发展水平，才能从根本上加大对学前教育的财政性投入。

C 市区域经济发展差异较大，建议加强区域合作，促进欠发达地区的产业机构优化，提高其自主创新能力。同时，着力完善公共财政制度，加大和改善向经济发展弱势地区的财政转移支付力度，弥补经济发展弱势地区由于财力不足带来的诸多发展问题，减轻经济弱势地区对教育投入的财政负担，这样才能使经济落后地区着力发展地方经济。

总之，缩小 C 市学前教育资源配置差距的根本就是促进 C 市各区域经济的协调发展，C 市政府必须从缩小地区间经济发展的差距入手，促进经济弱势地区的发展，进而促进学前教育事业的均衡发展。

二、构建稳定公平的学前财政保障机制

（一）公办与民办并举，扩大优质学前教育资源的供给

政府在大力发展公办园的同时，要扶持民办幼儿园的发展，实行公办与民办并举。对学前教育的财政投入，不仅要用于兴建公办幼儿园，还应对民办幼儿园进行财政补助。目前，C 市民办幼儿园的数量超过 50%，虽然民办幼儿园的数量占有优势，但是长期以来，财政投入主要集中在少数公办幼儿园，数量上占主体的民办幼儿园几乎享受不到政府的财政经费资助。在基本原则上，政府要将公办与民办并举作为学前教育事业发展的原则，可以通过以奖代补、购买服务、减免租金、派驻公办教师等措施支持民办幼儿园的发展，充分发挥学前教育的普惠性和公益性。在具体操作上，政府要在土地划拨或土地出让、规划建设、设置审批、项目申报、金融税收、奖励评定等方面对公办幼儿园和普惠性民办幼儿园给予同等待遇，并在资金投入、教育教学、设备购置、师资建设等方面给予扶持。

学前教育资源配置失衡的一个重要表现是优质学前教育资源的稀缺，这也是导致"入园难""入园贵"的重要原因。根据资源依赖理论，如果一个组织想要生存，又不能生产资源或者资源不足，就需要与周围的组织进行互动，得到可供生存需要的足够的资源。政府还做不到充分满足人民群众对优质学前教育资源的需求，这就需要和社会共同努力，增加学前教育资源的供

给。政府可以通过改建、扩建来增加公办园的数量，利用公办优质园在服务、师资、管理等各方面的优势，通过流转流动，带动其他幼儿园的资源质量提升。同时，政府应在行政层面对民办幼儿园予以监督和规范，并通过购买服务、资金入股等方式增加民办幼儿园的数量，提升民办幼儿园的质量，为学前教育资源优化配置而努力。

总之，政府要在保证基本学前教育资源供应的同时，引导社会力量参与，吸纳民间资本，扩大学前教育资源供给，探索多元化的办园体制，努力实现学前教育资源均衡配置的目标。

（二）加大转移支付力度，缩小学前教育财政投入差距

学前教育财政投入在很大程度上受当地经济发展水平的限制。学前教育资源配置的差距一时很难解决，但是可以采用调剂政策适当平衡各区域的学前教育资源，以期寻找学前教育资源配置的适度差距和均衡比例。政府应该对经济发展弱势地区给予财政政策的倾斜，加大对弱势地区学前教育的财政投入。基于 C 市财政发展不均衡的状况，应该制定学前教育经费财政保障分担机制，加大市（区）级财政对县（区）级财政的转移支付力度。政府需要对费用划拨进行行政干预，如将公办园收入的赞助费拨付给薄弱幼儿园，对薄弱地区或薄弱幼儿园的园所建设和师资力量建设予以支持。

（三）增加学前教育经费在财政预算中的比重

《国务院关于当前发展学前教育的若干意见》中提到"多种渠道加大学前教育投入""各级政府要将学前教育经费列入财政预算""财政性学前教育经费在同级财政性教育经费中要占合理比例"①，教育经费投入结构不合理是 C 市学前教育资源配置失衡的主要原因。教育经费需要经过"二次分配"，由于分配没有统一的标准，学前教育因为被忽视往往分得的教育经费的比例最小。而且不同地区、区县、城乡之间的发展水平不同，对学前教育的重视度不同，导致教育经费的分配、教育资源的配置不均衡。我们需要加大教育经费的投入，提高学前教育经费在教育经费中的比重，支持学前教育更好更快地发展。

---

① 国务院.国务院关于当前发展学前教育的若干意见[EB/OL].（2010-11-21）[2021-01-21]. http://www.gov.cn/zhengce/content/2010-11/24/content_5421.htm.

（四）规范幼儿园办学的收费制度

在"规范幼儿园收费管理"方面，《国务院关于当前发展学前教育的若干意见》提出："省级有关部门根据城乡经济社会发展水平、办园成本和群众承受能力，按照非义务教育阶段家庭合理分担教育成本的原则，制定公办幼儿园收费标准。加强民办幼儿园收费管理，完善备案程序，加强分类指导。幼儿园实行收费公示制度，接受社会监督。加强收费监管，坚决查处乱收费。"

目前，民办幼儿园乱收费的现象较为普遍，收费项目和收费标准都比较混乱，需要政府和相关教育部门予以规范。遵循市场规律，按照不同幼儿园的运营成本规范幼儿园的收费标准，严格要求幼儿园在规定的标准范围内收费，严惩不遵守标准乱收费的行为。教育行政部门应制定幼儿园收费公示制度，要求幼儿园将收费情况进行公示，并按照规定适当调整收费标准。严令禁止幼儿园在正常教学阶段以举办特色班、实验班等理由收取其他费用；严令禁止幼儿园收取建园费、赞助费等。政府和教育行政部门要严格按照法律法规限定的流程，加强政府和行政部门的行政执法行为，加强对幼儿园的收费管理，坚决禁止幼儿园的"乱收费"现象。

第四节　健全均衡"二元化"的经费投入机制

当前 C 市学前教育资源配置面临最大的困难就是教育资源短缺，特别是财力资源短缺，有限的教育经费分配不均衡。因此，C 市有必要重构学前教育投入机制。学前教育属于准公共产品，因此它的资金投入需要政府、社会等共同承担。

一、政府主导，确保学前教育经费投入并均衡配置

C 市学前教育财政投入不均衡还受到城乡二元经济结构和 C 市区域经济发展不均衡的影响，因此要想实现学前教育资源的均衡配置，必须促进 C 市城乡经济的协调发展，尽量减小城乡二元经济结构的影响。促进城乡经济社会一体化发展，要通过科学编制城乡发展规划，把城市和农村、工业和农业作为整体统一纳入规划范畴，进而实现城乡资源共享与优势互补，协调发展，并尽量缩小城乡差距。

促进区域经济协调发展，先要努力提高欠发达地区的经济发展水平，逐步实现经济发展的区域间均衡。C 市需要通过区域规划和政策引导，经过产业转移，带动县域地区的产业升级，发挥城市对县域地区的辐射和带动作用，改善县域的经济发展现状。各区、县、乡、镇还可根据地域特点、资源优势发展特色产业，创新产业结构，转化竞争优势。通过提高落后地区的经济发展水平，缩小城乡差距，从而促进区域经济协调发展，进而推动 C 市学前教育经费的均衡分配。

二、建立不同的城乡学前教育财政投入机制

《国家中长期教育改革和发展规划纲要（2010—2020 年）》中明确提出："重点发展农村学前教育。努力提高农村学前教育普及程度。着力保证留守儿童入园。采取多种形式扩大农村学前教育资源，改建、新建幼儿园充分利用中小学布局调整富余的校舍和教师举办幼儿园（班）。"目前，C 市农村学前教育事业发展相对缓慢，普及农村学前教育是推动学前教育长期发展的重点与关键。

学前教育的经费投入直接关系到园所办园条件和幼儿园教师的薪酬待遇问题，进而影响着办园质量。C 市应建立不同的城乡财政收入投入机制，在城市和县城地区实行政府投入、社会支持及家长分担教育成本的投入机制，在农村地区实行以政府投入为主的投入机制，并逐步加大学前教育经费在各级政府财政投入中的比例。

政府应将财政资金的拨付比例向农村地区倾斜，特别扶持和发展农村学前教育事业，扩大农村学前教育资源的供给，保障农村幼儿的入园率。各级政府的财政预算要单列学前教育经费，办好乡镇中心幼儿园，并对村幼儿园发挥指导作用。省级财政应设专项经费，保证学前教育事业经费的投入集中用于农村和经济弱势地区的教育，对经济欠发达地区达标的新建农村幼儿园给予以奖代补，坚持省级奖补资金向贫困县倾斜的方针，将财政补贴与市县人均财力、幼儿在园人数、学前教育毛入园率等挂钩，重点支持利用农村闲置校舍和其他富余公共资源改建幼儿园。

三、教育财政要将学前教育专项经费单列

《关于幼儿教育改革与发展的指导意见》明确要求，各级政府要加强公

办园建设，保证幼儿教育的经费投入。但是，在政策执行过程中学前教育发展专项经费并未单列，因此学前教育经费要经过教育行政部门的"二次分配"，导致学前教育事业的发展缺乏足够的经费保障。要保障学前教育事业的发展，就必须确定好财政投入比例，并按照生均进行拨付，同时对弱势地区或弱势幼儿园进行倾斜。

四、建立基于需求的经费投入标准

《国务院关于当前发展学前教育的若干意见》明确指出，"各地根据实际研究制定公办幼儿园生均经费标准和生均财政拨款标准"。[①] 生均经费标准和生均财政拨款标准不是一成不变的，而是应该根据当地经济发展水平、政府财力情况、当地物价水平、受教育的人口变化等各种因素进行调整。[②] C市应该从基于需求的视角，鉴于城乡间生均教育经费的投入和生均成本差异，制定城乡差别的生均财政拨款标准，全面落实农村学前教育资助政策，制定农村幼儿园生均拨款机制标准，确定基本的农村学前教育财政投入的需求量。政府应将学前教育财政投入纳入预算管理，落实农村学前教育生均财政拨款的制度。C市政府要根据本市的经济发展情况及教育发展现状制定农村的生均拨款方式和标准，并随着教育质量提升的要求及教育成本的变化进行动态调整。

五、实现多渠道的财政投入方式

C市政府要立足实际，面向长远，创新财政经费投入机制，实现多渠道的财政投入方式。

采用政府购买服务，依托社会力量，保障城乡学前教育优质教育资源的供给。C市政府应该借鉴其他地区的经验，制定学前教育服务方案，服务内容可以包括普惠性民办教育补贴、教育教学成果交流与推广、师资队伍培训、学术资源数据库、教育政策解读、文献解读、膳食服务、校车安全服务等。根据对拟提供服务的幼儿园进行全方位的评价，包括园所的内部监管、

---

① 国务院.国务院关于当前发展学前教育的若干意见[EB/OL].（2010-11-21）[2021-01-21]. http://www.gov.cn/zhengce/content/2010-11/24/content_5421.htm.

② 袁媛，杨卫安.我国学前教育生均经费标准和生均财政拨款标准研究——基于OECD 2012年度教育统计报告的数据分析[J].教育与经济，2013(3)：15-19.

财务管理、财务核算、教师队伍专业素养、依法纳税等情况，综合评价达标后方可承接政府提供的教育服务项目。建立幼儿园服务信用档案和承接主体退出服务机制，将绩效评价未达标的幼儿园强制退出购买服务机制。该评价标准要体现城乡差异，可以适当降低对农村幼儿园的标准。

依靠社会力量，使学前教育经费筹措渠道多元化。通过媒体宣传，让社会公众了解农村学前教育发展的现状，形成全社会心系学前教育发展的社会氛围。大力提倡社会捐资办园，允许园所通过各种方式争取经费用于建设。对于捐资办园的社会力量，要及时给予奖励，以鼓励和吸引更多的社会力量对农村学前教育薄弱地区进行捐款。运用市场模式，引入社会投资，增加政策保障，通过减免税费、减免建设规费、按规定出让土地、提供服务等各种方式支持社会力量兴办和扶持幼儿园，以此缓解 C 市面临的公办园数量不能满足当地学前教育需求的现状。设立学前教育发展或帮扶基金，鼓励企业家、慈善家等社会各界兴办、扶持、捐资幼儿园，改善办园条件，并规范和监督学前教育发展基金的使用，确保专款专用。

拓宽幼儿园的服务领域，助力幼儿园合理创收。政府应该鼓励幼儿园通过销售服务作为创收，幼儿园在正常完成保育教育基本任务的基础上，可以利用自身优势创设一些面对幼儿家长和幼儿的服务项目，以此增加园所的收入。比如，对于城区幼儿园来说，利用自身优势，凭借较雄厚的师资力量、先进的教育理念、丰富的育儿经验等承担一些社会性课题或者开发一些特色课程，可以开展科学育儿辅导服务、亲子活动、家长讲座等；对于农村幼儿园来说，可以在农忙或节假日的时候开设辅助班。[①] 通过拓宽幼儿园的服务领域争取合适的对接渠道，有偿地为相关单位或企业提供服务。

六、完善对落后地区的补偿机制

社会经济发展水平的差距可以尽量减小，但是无法彻底改变。平衡城乡学前教育的发展不是一件一蹴而就的事。政府应倾向弱势地区和弱势群体，贯彻"补偿原则"，建立健全落后地区和农村家庭的学前教育补偿机制，有针对性地扶持落后的农村学前教育，合理分配教育经费投入，更好地促进农村学前教育的发展，缩小学前教育的城乡差距。

---

① 张赛园. 县域幼儿教育资源合理化配置的研究——以浙江省 A 县为例 [D]. 上海：华东师范大学，2008.

目前，学前教育经费主要倾向城区的幼儿园，县乡地区幼儿园经费的来源主要是当地政府财政预算外经费，民办园则主要依赖收取的保教费来维持生存。因此，不仅应将学前教育经费在财政教育经费中单列，还需要建立学前教育经费的补偿机制。政府应加大对农村学前教育的重视，提高农村学前教育的财政投入比例；应加大对弱势地区的财政投入力度，保证弱势地区的学前教育经费的充足；应构建合理的学前教育经费分担机制。当地政府部门要针对经济水平欠发达的地区制定最低经费保障标准，有力贯彻和落实补偿机制，确保满足农村的学前教育发展所需的经费。

教育补偿制度应该在公众的听证下进行，因此需要引入公众听证制度，认真考虑公众的建议，保证教育补偿制度的公益性和普惠性。在教育补偿制度落实的过程中，由于公众的参与和监督，从形式、内容到程序都公开透明，可以提高政府的公信力。教育补偿制度执行后，要对教育补偿的主体进行责任追究，确保教育补偿制度的切实有效。

第五节　建立专业化的教师保障机制

师资合理配置是学前教育资源配置的关键措施。[①] 高质量的幼儿教师队伍是学前教育高质量发展的核心和保障。建立幼儿园教师保障机制，促进师资队伍专业化发展，是满足社会对优质学前教育资源的需求，进而提升学前教育质量，促进学前教育事业均衡发展。目前，C市幼儿园教师的学历普遍偏低，在对幼儿园教师在职培训方面的目标也较为模糊，容易流于形式；培训方式单一，以讲座形式为主；培训内容不符合参训教师的工作实际，不能满足幼儿园教师的参训需求。我们可以借鉴发达国家的先进经验，加强幼儿园教师教育的质量管理和专业评估，提高幼儿园教师培训的质量，促进学前教育高质量、均衡地发展。

一、改革幼儿园教师招聘和配置机制

《教育部 中央编办 财政部 人力资源社会保障部关于加强幼儿园教师队伍建设的意见》中提出："完善幼儿园教师资格制度。全面实施幼儿园教

---

① 冯文全.对基础教育资源均衡配置的思考[J].教育科学论坛，2007(6): 76-77.

师资格考核制度，印发幼儿园教师资格考试标准，深化教师资格考试内容改革。幼儿园教师须取得相应的教师资格证书。"但是，在实际的幼儿园教师招聘中，很多幼儿园未按照规定进行招录，特别是民办幼儿园。因此，有必要对幼儿教师的招聘制度进行改革，规范对幼儿教师的专业知识和专业素质的认知，使幼儿园教师提升对自身专业知识和专业素质的重视程度。相关管理部门要对幼儿园招聘进行监督管理，严格幼儿园教师的准入制度，从源头上保证幼儿园教师队伍的质量，从而提升幼儿园的教学质量。

二、建立幼儿园教师保障机制

陈宝生在中共十三届人大一次会议上强调："努力提高幼师、保教人员的待遇，尊重他们的劳动。现在我们好多幼儿园主要指民办幼儿园，低工资、低待遇，一个幼儿教师2000块、3000块钱工资，不能安心从教、从保，幼师毕业的学生不愿意到幼儿园去工作，这个问题也是必须解决的。"《教育部 中央编办 财政部 人力资源社会保障部关于加强幼儿园教师队伍建设的意见》中提出："建立幼儿园教师待遇保障机制。公办幼儿园教师执行统一的岗位绩效工资制度，享受规定的工作倾斜政策，企事业单位办、集体办、民办幼儿园教师工资和社会保险由举办者依法保障。幼儿园教师按国家有关规定参加社会保险并依法享受社会保险待遇。对长期在农村基层和艰苦边远地区工作的幼儿园教师，实行工资倾斜政策。鼓励地方政府将符合条件的农村幼儿园教师住房纳入保障性安居工程统筹予以解决，改善农村幼儿园教师工作和生活条件。"

提高幼儿园教师的待遇，对学前教育资源的均衡配置非常重要。不仅要提高幼儿园教师的薪资待遇，还要保障幼儿园教师的其他合法权益。首先，要提高幼儿园教师的职业保障权、物质保障权、民主保障权等法律规定的保障；其次，要提高对学前教育的重视程度，完善对幼儿园和幼儿园教师管理上的保障；最后，要加大对幼儿园教师支持保障的宣传，让幼儿园教师学会维护自身的权益。

三、保障幼儿园教师薪酬待遇及社会地位

C市必须提高幼儿园教师的薪酬待遇和社会地位，提高幼儿园教师职业的吸引力。目前，C市当地幼儿园教师的薪资水平普遍比中小学教师低1/2

其至 2/3，尤其在很多民办园和农村幼儿园里，基本的薪资都没有保障。幼儿园教师的编制问题也是亟待解决的，需要制定公办幼儿园的编制标准，为公办幼儿园教职工核定事业编制提供政策依据，依此落实薪资、职称等方面的待遇，落实社会保障政策，为促进幼儿园教师队伍建设提供有力保障。

同时，要关注民办幼儿园教师的合法权益，发挥劳动合同的保障作用，依法保障民办幼儿园的薪资待遇，拨付专门经费，建立规范的培训制度，加强对幼儿园教师的专业培训。对经济薄弱地区农村幼儿园教师培训实行以奖代补，兼顾弱势地区师资力量的保障。

"乡村幼儿教师计划"能够有效缓解农村学前教育人力资源缺乏的情况。首先，要制定农村学前教育的支持政策，包括对农村幼儿园教师的定岗定编、交流补充、学习培训、薪酬待遇、社会保证等各方面。农村地区可以采用"小学教师转岗"的方式补充教师的数量。由于农村地区小学生生源减少，小学教师编制富余，中小学在调整布局，农村地区可趁机将富余的中小学编制转岗到幼儿园，从而增加幼儿园教师编制的数量，减少教师的流动性。[①]针对乡村教师中"城市取向"的思想问题，要不断提高教师职业理解、职业道德培养，加大力度宣传优秀乡村教师的事迹。政府可与高校寻求合作，与高校建立订单式培养模式，为定向地区特别是农村地区输送高质量的教师队伍。解决幼儿园教师工资待遇、职称评晋等问题，将农村民办幼儿园教师纳入国家社会保障体系。统筹配置教师资源，核定编制向农村予以倾斜，以为农村地区吸引优秀师资，推动农村学前教育发展。

四、加大对幼儿园教师的培养与培训力度

在幼儿教师的培养方面，教育行政部门需要及时研究、调整、扩大大专院校学前教育专业的招生计划，可借鉴其他地区的做法，采取建立免费幼师生培养的方式，以此扩大学前教育专业学生的培养规模。

应该加强幼儿园教师职后的学历培训，建议利用 C 市大中专院校的学前教育培养资源，制订幼儿园教师职后学历培训计划。C 市政府应设置幼儿园教师职后培训的专项经费，各区、县、乡、镇可以根据当地的具体情况，制订幼儿园教师的学历培训计划，确保在最短的时间内助力幼儿园教师实现学历提升。另外，也可以给予优秀的幼儿园教师免费培训的机会，对经济薄弱

---

① 夏婧.我国农村幼儿园师资队伍建设经验及其启示[J].学前教育研究，2014 (7): 35-41.

地区的农村幼儿园教师培训实行以奖代补。

五、建立幼儿园教师双向流动机制

（一）设置配置保留弹性空间

幼儿园是近乎全女性的组织，师资有较大的流动性。国家放开"全面二胎"的政策、C市的人口政策以及城市重大项目的实施都会影响区域学龄人口的变化。伴随着教育需求的变化，学龄人口的变化会给学前教育资源合理配置带来影响。因此，在资源配置上，要为可能的变化留出一定的弹性空间。

（二）实施区域师资流动机制

师资流动是促进教师资源合理配置的重要手段。实施区域师资流动机制，有利于保障区域师资配置均衡化，实现学前教育的优质发展。可以借鉴日本的定期轮岗制度，在区域内实施师资流动机制。校长、教师需要每隔一段时间轮岗调整一次，这样的制度规定可以提升基础教育的整体水平，帮助改善教育质量和扶持薄弱学校。[1] 为了保障定期轮岗制度的有效实施，政府需要制定相应的补偿性政策，并通过法律予以保障和完善。[2]

（三）建立幼儿园教师轮岗交流机制

为了实现学前教育资源的均衡配置，最好构建幼儿园教师轮岗交流机制。城乡之间建立合理的双向教师流动机制，农村教师可以流动到城市，城市的教师也可以流动到农村，让区域内的教师真正流动起来，促进农村教师队伍建立起成长机制。这样的双向流动可以使一些地区缓解教师缺乏的情况，在一定程度上缩小城乡学前教育发展的差距。比如，市区幼儿园优秀骨干教师可以有计划地到县域或乡镇幼儿园进行长期或者短期的教学管理指导，向县域以下的幼儿园普及合理且具有科学性的保教理念和方法等。

① 张文武.浅议实现教育公平的几点对策[J].中国成人教育，2005(3): 9-10.
② 丁开艳.日本的教师定期流动制[J].教育，2010(10): 28.

（四）建立优质师资共享机制

优质教师是一个区域内教育优质发展的重要资源，也是稀缺资源，因此需要实现共享。教育行政部门应建立优质师资的共享机制，实现优秀师资的"柔性流动"，通过流动，发挥优秀师资的辐射和引领作用，切实帮助薄弱地区、薄弱学校提升办学质量和教育水平。

建立优秀师资共享机制，实现良性流动，需要打破流动教师的身份限制，让师资共享在个体上成为可能；需要建立制度保障，既要让学校愿意支持优质教师的区域流动，又要在收入、支撑和后续发展等方面保障流动教师的个人权利，让优质教师愿意流动。

政府要积极引导当地城乡学前教育机构之间开展"互助共建"的帮扶政策，采取"互助联盟"的形式，构建学前教育发展共同体，探索资源共享、教研合作、文化共建等创新形式，为城乡学前教育机构之间提供互相学习、交流、研讨等共享资源的机会，实现城乡学前教育资源的均衡发展。借鉴其他地区的互助联盟形式，每个联盟由优质园园长担任负责人，政府可以对到农村薄弱园交流的优质教师在晋升和评比上予以倾斜，对交流效果良好的园所联盟给予相应的奖励。这样，可以提高优质园教师到薄弱园交流、任职的积极性，促进教师队伍城乡间的合理流动，促进农村学前教育事业的发展。

第六节　建立长效的监督管理机制

学前教育资源的合理配置需要有效的监督，政府与民众参与管理最合适的方式就是督政。2004 年教育部颁发《关于建立对县级人民政府教育工作进行督导评估制度的意见》，对教育督导的工作职责进行了明确的规定，督导职责既包括督政，也包括督学。督政主要是通过区域学前教育事业政府发展的成效反映教育行政部门的管理与指导情况，并对本区域学前教育事业的发展情况和教育行政部门的管理提出指导性建议；督学，是在基于全面了解园所的办园理念、发展方向、社会声誉的基础上，对园所的办园情况及办园成效进行评价或指导，促进园所提高办园质量，向优质园所发展。

一、重视监督管理工作

《国务院关于当前发展学前教育的若干意见》（国发〔2010〕41 号）明确指出："完善工作机制，加强组织领导。各级政府要加强对学前教育的统筹协调，健全教育部门主管、有关部门分工负责的工作机制，形成推动学前教育发展的合力。教育部门要完善政策，制定标准，充实管理、教研力量，加强学前教育的监督管理和科学指导。"① 为确保完成《河北省中长期教育改革和发展规划纲要（2010—2020 年)》关于学前教育的目标任务，全面贯彻落实《国务院关于当前发展学前教育的若干意见》和《河北省人民政府关于大力发展学前教育的若干意见》，C 市教育局出台了《关于加快发展学前教育的实施意见》，明确提出要"加强领导，强化责任"，要求各县（市、区）把发展学前教育纳入重要议事日程，主要领导要亲自抓、负总责，列入工作计划，解决重点问题。要建立督促检查、考核奖惩和问责机制，确保各项措施落到实处。建立和完善以县为主发展学前教育的管理体制，各县（市、区）要结合实际，科学制定学前教育发展目标，把完成三年行动计划作为主要任务，明确责任，狠抓落实，不断推进学前教育发展进程。政府应加大对学前教育的重视程度，积极扶持教育发展，全力支持对学前教育的督导工作。各级政府部门不仅要加大对学前教育的投入和管理，还要发挥政府部门对学前教育的督导作用，监管完善督查制度。对于国家和河北省针对学前教育制定的政策和提出的建议要认真贯彻落实，各有关部门要协同工作，推动督导工作，提高督查标准，发挥督导作用。地方政府要把发展学前教育的各项举措落实到位，确保发展学前教育的举措切实有效。各级督导部门要抓住督导工作的重点，梳理学前教育办学过程中存在的问题，明确学前教育办学过程中需要督查的问题，从政府和园所两个方面进行督导检查工作，并将政府政策落实的情况、教师队伍建设的情况及园所经费使用的情况及时向社会公示。

二、充实监督管理力量

由于政府长期在严格准入标准、落实财务管理、规范办学行为等方面的监督管理职能缺位，学前教育资源配置市场处于混乱无序的状态。因此，政

---

① 国务院. 国务院关于当前发展学前教育的若干意见[EB/OL].（2010-11-21）[2021-01-21]. http://www.gov.cn/zhengce/content/2010-11/24/content_5421.htm.

府部门要提高监督的强度，完善过程监管，坚持年检制度，强化安全监管，建立全覆盖的幼儿园安全风险防控体系。要充实监督管理力量，建立第三方检测评估机制，构筑行业监督、业务监督、社会监督"三位一体"的监督体系。可以借鉴重庆江北区的"一中心三主线"的协同管理机制。自 2010 年以来，重庆江北区先后制定了一系列学前教育改革发展的政策文件，逐步探索出以区政府设立的学前教育领导小组为中心，协同行政管理、民办教育协会、社会监督，形成"一中心三主线"，稳步建立学前教育管理机制、投入机制、办园机制和评价体系的协同管理机制。[①] 其中，行政监督和业务监督是指政府机构人员、教育行政人员及教育领域专业人员对学前教育机构的监督，以实现对学前教育机构的科学发展指导；社会监督是引入社会上各行各业的学前教育的相关方，包括人大代表、政协委员、家委会代表、社区工作人员及媒体工作人员等，定期对园所进行检查监督，与行政监督、业务监督共同构建起对辖区幼儿园的全覆盖式监督管理。只有调动各方的积极性，充实监督管理力量，让多方主体共同参与，协同监督学前教育发展及幼儿园园所的运营管理情况，才能更好地促进学前教育健康发展。

三、畅通监督反馈渠道

学前教育机构与监督机构之间要建立起日常沟通渠道，畅通监督反馈渠道。学前教育机构可以利用网络交流平台，如微博、微信、QQ 群等，将幼儿的在园日常及时反馈，一是反馈给幼儿家长，方便家长及时了解幼儿的在园情况，二是定期反馈给教育行政部门或其他监督方，方便检查监督。学前教育机构还要建立健全自查自纠及信息公示制度，严格执行学前教育相关规定要求的办园标准，自觉接受相关部门的专业指导，积极配合监督机构的检查监督，及时反馈检查结果，定期公示园所相关信息。

四、构建动态长效监督机制

政府部门应该有计划地构建动态长效的监督机制，提高监督管理效率。依据《中华人民共和国教育法》《幼儿园办园行为督导评估办法》等文件，建立健全学前教育督导评估制度、幼儿园办园行为督导评估制度、幼儿园突

---

① 中国教育报.重庆江北协同监管学前教育[EB/OL].（2018-04-08）[2021-01-21].
http://news.sina.com.cn/o/2018-04-08-doc-ifyteqtq5810753.shtml.

发事件督导问责制度等，坚持督政与督学相结合的原则，定期对学前教育机构进行检查监督，对园所的办园条件、卫生情况、安全管理、保育教育、教职工队伍、幼儿园内部管理等进行全方位督导评估；可以根据检查结果实行奖惩，对达标的园所进行等级评估和奖励补贴，对未达标的园所提出警告督促整改，以此激励园所不断提高办园质量，进而提高全社会对学前教育的信心和重视程度。

第七章　结语

第一节　研究结论

通过对 C 市 2 区 4 县（市）的 43 所农村幼儿园、39 所城区幼儿园走访调研后，对 507 份教师问卷和 82 份园长问卷进行统计分析，并配合丰富的访谈，得出以下结论。

一、城乡学前教育财力资源配置存在显著性差异

C 市教育财政经费配置中，学前教育所占份额地区差异较大，与政府在学前教育领域的主导作用有关。通过对城乡近三年财政性生均学前教育经费和生均公共财政预算经费情况进行统计，发现城乡学前教育生均经费差异显著（$P < 0.01$），学前财政性教育生均经费差异显著（$P < 0.05$）。城区学前教育生均经费与学前财政性教育生均经费均显著高于农村。虽然政府财政拨款逐年增加，但城乡差异依然显著。

二、城乡学前教育人力资源配置存在显著性差异

通过对 C 市城乡学前教育师幼比、师资学历、师资职称、师资年龄、参加培训情况这五个方面进行分析，发现城乡生均教师情况呈显著性差异（$P < 0.01$），城乡学前教育师资配置、城区和农村学前教育教师学历人数情况、城乡拥有职称教师人数、城区与农村学前教育职称情况、城乡学前教育青年教师人数、

城乡教师参培情况均呈显著差异（$P < 0.001$）。在教育师幼比、师资学历、师资职称、师资年龄、参加培训情况这五个指标上，城区幼儿园的人力资源配置情况均优于农村。由于城乡园所福利待遇、晋升空间、培训质量、工作环境等方面的影响，加上农村教师仍然追求"城市就业"的价值取向，大量农村优秀教师流入城市，加剧了城乡学前教育师资配置不均衡。

三、城乡学前教育物力资源配置存在显著性差异

在 C 市城乡学前教育的实证性研究中，对城乡园所数量、园舍建筑面积、生均室外活动场地面积、教室占地面积、寝室占地面积、生均图书量、班级区角数量、班级操作材料投放几项指标进行差异比较。结果显示，在这几项指标上，城乡均呈现显著性差异（$P < 0.001$），城区幼儿园均优于农村。在调查中发现，"三年行动计划"中政府对农村学前教育的发展主要集中在改扩建园舍上，对于班级区角、操作材料投放、玩教具配置等方面还未出台相应的规定或政策支持。因此，城乡学前教育物力资源配置中生均园舍面积虽然得到极大改善，但其他物力资源配置城乡差异仍然明显。

第二节　研究局限与不足

学前教育资源配置是一个庞大的系统，基于教育公平的理论，通过实地调研对 C 市城乡学前教育资源配置做了积极的探讨，但由于本研究的实践性较强，加上个人能力水平有限，本研究尚存在一些缺陷和不足。

一、调查问卷及访谈内容不够深入

本研究从中观和微观层面切入，旨在得到 C 市城乡学前教育资源配置中物力、财力、人力资源配置情况的相关结论。本研究采用分层取样的方法选取了 C 市 2 区 4 县（市）城乡 507 名教师和 82 名园长进行问卷调查，对 35 位教师、园长和幼儿家长代表进行访谈，虽然经过定性和定量分析得出了结论，但结论仍然停留在表层。调查问卷内容也具有一定的局限性，未能充分反映学前教育资源配置的具体情况。另外，访谈内容有待进一步深入。因此，从研究工具角度看，对 C 市的城乡学前教育资源配置问题的研究有待进

一步深入和验证。

二、调查对象有待进一步丰富

在对 C 市城乡学前教育资源配置的研究中，本研究对教育部门相关负责人、园长和一线教师进行了访谈。访谈对象的选择与学前教育高度相关并且覆盖城乡范围，但是学前教育资源配置是一个庞大且复杂的问题，访谈对象对城乡学前教育资源配置的看法具有一定的局限性。要想实现学前教育资源的均衡配置，需要社会各界共同努力。因此，未来的研究可以通过丰富研究对象，如增加对幼儿家长、财政部门、社会媒体等对象的调研，从多方面挖掘城乡学前教育资源配置的深层次问题。

三、统计方法有待完善

本研究主要通过 SPSS 20.0 对调研数据进行差异分析和频次统计，但未对学前教育的财力、物力、人力三方面资源的数据进行相关分析和线性回归分析。在以后的研究中应丰富统计方式，进一步探索城乡学前教育资源配置中各种资源之间的内部相互影响关系。

本研究对 C 市城乡学前教育资源配置做了初步分析，对诸多具体实施的问题还需要进一步深入。

第三节　研究展望

期望今后的研究能够扩充研究视角，加入从宏观视角对城乡学前教育资源配置的研究，如相关政策研究、产业结构调整、教育改革等方面。调查问卷和访谈的设计内容应更加丰富、具体，以深入探讨城乡学前教育资源配置失衡的原因，探寻有效缓解城乡差距的对策。

期盼在研究方法上，能在定量研究和定性研究上有所加强。可以通过对城乡学前教育资源配置进行建模，基于对城乡学前教育资源的调查研究、假设、分析，对城乡学前教育资源配置进行深入的分析。同时，可以通过专访、观察分析的质性研究方法加强与研究者的互动，以对该领域深入研究，从而得到更为科学合理的结果。

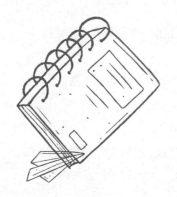

参考文献

一、著作类

[1] 中国社会科学院语言研究所词典编辑室 . 现代汉语词典（第七版）[M]. 北京 : 商务印书馆 , 2016.

[2] 张人杰 . 国外教育社会学基本文选 [M]. 上海 : 华东师范大学出版社 , 1989.

[3] 顾明远 . 教育大辞典（增订合编本）[M]. 上海 : 上海教育出版社 , 1998.

[4] 吴怡兴，张健 . 教育产业论 [M]. 北京 : 人民教育出版社 , 2000.

[5] 蔡迎旗 . 学前教育概论 [M]. 武汉 : 华中师范大学出版社 , 2006.

[6] 中共中央编译局 . 列宁全集（第四十六卷）[M]. 北京 : 人民出版社 , 1990.

[7] 李健英，贾丽虹 . 政治经济学教程（第二版）[M]. 北京 : 科学出版社 , 2016.

[8] 萨缪尔森，诺德豪斯 . 经济学 :（英文版）[M]. 北京 : 机械工业出版社 , 1998.

[9] 厉以宁 . 经济学的伦理问题 [M]. 北京 : 生活 · 读书 · 新知三联书店 , 1999.

[10] 邓小平 . 邓小平文选 [M]. 北京 : 人民出版社 , 1994.

[11] 中国教育经费统计年鉴 (2001—2012) [M]. 北京 : 中国统计出版社 , 2013.

[12] 刘强 . 学前教育城乡均衡发展的理论与实践 [M]. 南京 : 南京大学出版社 , 2011.

[13] JEFFREY H R. Rethinking school choice: limits of the market metaphor[M]. Princeton, New Jersey: Princeton University Press, 1994.

[14] 约翰 · E. 丘伯，泰力 · M. 默 . 政治、市场和学校 [M]. 蒋横，译 . 北京 : 教育科学出版社 , 2003.

[15] 袁桂林 . 中国农村教育发展指标研究 [M]. 北京 : 经济科学出版社 , 2009.

[16] 庞丽娟 . 中国教育改革 30 年（学前教育卷）[M]. 北京：北京师范大学出版社，2011.

[17] 肖正德，林正范 . 农村教师的发展状况和保障机制研究 [M]. 杭州：浙江大学出版社，2014.

[18] [德] 黑格尔 . 小逻辑 [M]. 北京：商务印书馆，1980.

[19] 刘强 . 学前教育城乡均衡发展的理论与实践 [M]. 南京：南京大学出版社，2011.

[20] 靳希斌 . 教育经济学 [M]. 北京：人民出版社，2009.

[21] 鲍传友 . 教育公平与政府责任 [M]. 北京：北京师范大学出版社，2011.

[22] OWENS R G. Organizational behavior in education: instructional leadership and school reform. (seven edition) [M]. Boston: Allyn & Bacon, 2001.

二、期刊论文类

[1] 杨东平 . 对我国教育公平问题的认识与思考 [J]. 教育发展研究，2000(8): 5–8.

[2] 林宇 . "教育公平"内涵之多学科解读 [J]. 宁波大学学报 (教育科学版)，2011，33(6): 18–23.

[3] 陈玉琨 . 试论高等教育的公平与效率问题 [J]. 上海高教研究，1998(12): 20–23.

[4] 姚伟，邢春娥 . 学前教育公平的理论基础 [J]. 学前教育研究，2008(1): 15–19.

[5] 韩宗礼 . 试论教育资源的效率 [J]. 河北大学学报，1982(4): 60–70.

[6] 崔方方，洪秀敏 . 我国学前教育发展区域不均衡：现状、原因与建议 [J]. 教育发展研究，2010，30(24): 20–24.

[7] 范先佐 . 论教育资源的合理配置与教育体制改革的关系 [J]. 教育与经济，1997(3): 7–15.

[8] 靳希斌 . 政府教育管理职能转变与公共教育财政体制建构 [J]. 现代教育管理，2011(10): 1–4.

[9] 杨卫安 . 我国未来学前教育投入的规划与预测 [J]. 学前教育研究，2015(8): 21–33.

[10] 储朝晖 . 财政投入与幼儿教育公平性研究 [J]. 天津师范大学学报 (社会科学版)，2012(1): 57–61.

[11] 曾彬，姜晨 . 关于我国学前教育财政投入的有效性分析 [J]. 教育导刊 (下半月)，2014(8): 3–7.

[12] 侯石安，张紫君.促进我国学前教育发展的财政政策选择 [J]. 财政研究，2012(7): 66–68.

[13] 宋映泉.不同类型幼儿园办学经费中地方政府分担比例及投入差异——基于 3 省 25 县的微观数据 [J]. 教育发展研究，2011(17): 15–23.

[14] 孟伟，张羽寰，李玲.多元均等——我国学前教育资助政策路径探析 [J]. 教育导刊，2012(2): 12–16.

[15] 石立叶，刘丽英.河北省学前教育资源配置非均衡发展现状与对策 [J]. 统计与管理，2015(9): 52–54.

[16] 李红恩，靳玉乐.美国中小学学校布局调整的缘由、现状与启示 [J]. 比较教育研究，2011, 33(12): 6–9, 28.

[17] 李楠.当代我国城乡学前教育均衡发展研究的特点分析 [J]. 宿州教育学院学报，2016, 19(3): 77–78.

[18] 但菲，侯雨彤.规模与质量：集团化幼儿园发展的现实诉求 [J]. 教育研究，2013(9): 84–88.

[19] 徐兰.幼儿园师资配备的现状研究 [J]. 江苏幼儿教育，2014(7): 38–41.

[20] 虞永平.改造富余校舍　扩大学前教育资源供给 [J]. 人民教育，2011(21): 23–25.

[21] 李克勤，郑准.县域学前教育资源配置评价模型及其应用 [J]. 学前教育研究，2014(10): 23–30.

[22] 孙贺群.论农村学前教育资源的优化与拓展——基于辽宁省农村学前教育事业发展现状的思考 [J]. 教育导刊，2013(12): 57–60.

[23] 上官金曼，徐赟."十一五"期间全国各地区学前教师资源配置差异分析 [J]. 教师教育论坛，2014, 27(6): 81–87.

[24] 张晖，叶小红.江苏省幼儿园教师规模现状及其"十二五"需求预测 [J]. 学前教育研究，2011(11): 49–54.

[25] 庞丽娟，张丽敏，肖英娥.促进我国城乡幼儿园教师均衡配置的政策建议 [J]. 教师教育研究，2013, 25(3): 31–36.

[26] 姜盛祥，胡福贞.教育均衡视野下我国幼儿教师的配置与流动 [J]. 学前教育研究，2011(7): 26–31.

[27] 程秀兰，王娇艳.农村转岗幼儿教师职前培训的意义与有效模式 [J]. 学前教育研究，2014(4): 43–48.

[28] 高庆春.农村幼儿园教师队伍建设的策略研究 [J]. 教育探索，2015(12): 48–50.

[29] 陈厚云，方明.美国重视发展学前教育事业 [J]. 早期教育，2002(2): 74.

[30] 谭丹.英国特殊需要儿童早期干预服务理念解析 [J]. 现代中小学教育，2015(1): 121–125.

[31] 彭正梅.论我国幼儿教育经费财政投入体制 [J]. 经济研究导刊，2013 (17): 190–191.

[32] 庞丽娟，韦彦.学前教育立法——一个重大而现实的问题 [J]. 学前教育研究，2001(1): 5–8.

[33] 张元.试析幼儿教师专业化的特征及其实现途径 [J]. 学前教育研究，2003(1): 50–52.

[34] 阎晗.西部农村地区学前教育经费短缺的原因及对策分析[J].当代教育论坛(宏观教育研究)，2008(11): 19–21.

[35] 刘占兰.发展学前教育是各级政府义不容辞的责任——《国家中长期教育改革与发展规划纲要》对政府责任的确定 [J]. 学前教育研究，2010(11): 12–16.

[36] 郭雄伟.近十年来我国学前教育公平研究述评 [J]. 当代学前教育，2011(1): 45–48.

[37] 叶飞.城乡教师交流的"异化"及其对策分析 [J]. 中国教育学刊，2012(6): 17–20.

[38] 彭世华，谭日辉.县域学前教育均衡发展的现状及对策——关于湖南省县域学前教育均衡发展的实证研究 [J]. 幼儿教育，2007(18): 21–24.

[39] 袁媛，杨卫安.我国学前教育生均经费标准和生均财政拨款标准研究——基于OECD 2012 年度教育统计报告的数据分析 [J]. 教育与经济，2013(3): 15–19.

[40] 冯文全.对基础教育资源均衡配置的思考 [J]. 教育科学论坛，2007(6): 76–77.

[41] 夏婧.我国农村幼儿园师资队伍建设经验及其启示 [J]. 学前教育研究，2014(7): 35–41.

[42] 张文武.浅议实现教育公平的几点对策 [J]. 中国成人教育，2005(3): 9–10.

[43] 丁开艳.日本的教师定期流动制 [J]. 教育，2010(10): 28.

[44] 《学前教育成本分担研究》课题组.学前教育与其他各学段财政性投入差异的实证研究 [J]. 早期教育 (教科研)，2014(12): 2–6.

[45] 褚宏启，杨海燕.教育公平的原则及其政策含义 [J]. 教育研究，2008(1): 10–16.

[46] 孙佳慧，夏茂林.近二十年我国城乡学前教育均衡发展问题研究文献综述 [J]. 商丘师范学院学报，2020, 36(2): 105–108.

[47] LASSER J, FITE K. Universal preschool's promise: success in early childhood and beyond[J]. Early Childhood Educ J, 2011(39): 169–173.

[48] BLANKENAUA W, YOUDERIANB X Y. Early childhood education expenditures and the intergenerational persistence of income[J]. Review of Economic Dynamics, 2015, 18(2): 334–349.

[49] DESSOFF A. Persuading teachers to go rural[J]. Review of Economic Dynamics, 2010, 46(6): 58–60, 62.

[50] BAINBRIDGE, J, MEYERS, M, TANAKA, S, et al. Who gets an early education? Family income and the enrollment of three–to–five–year–old from 1968 to 2000[J]. Science Quarterly, 2005, 86(3): 724–745.

三、学位论文类

[1] 王卓 . 教育资源配置问题的理论研究 [D]. 长春 : 东北师范大学 , 2005.

[2] 封留才 . 当代中国基础教育资源公平配置研究——教育学的立场和观点 [D]. 南京 : 南京航空航天大学 , 2014.

[3] 许丽英 . 教育资源配置理论研究——缩小教育差距的政策转向 [D]. 长春 : 东北师范大学 , 2007.

[4] 郑雅姿 . 幼儿园教育质量的现状研究——以结构质量维度为例 [D]. 长春 : 东北师范大学 , 2013.

[5] 冯芳 . 教育均衡发展视野下幼儿园教师配备现状研究 [D]. 重庆 : 西南大学 , 2013.

[6] 程婷 . 万年县农村小微幼儿园办学现状调查研究 [D]. 南昌 : 江西师范大学 , 2015.

[7] 林静 . 湖南省 N 县乡镇中心幼儿园建设现状研究 [D]. 长沙 : 湖南师范大学 , 2010.

[8] 刘佩佩 . 农村家庭式幼儿园办园条件质量研究 [D]. 重庆 : 西南大学 , 2013.

[9] 徐向飞 . 太原市幼儿园体育器材与场地现状及对策研究 [D]. 太原 : 山西大学 , 2015.

[10] 杨聪粉 . 河北省幼儿园男教师需求现状问题与对策研究 [D]. 石家庄 : 河北师范大学 , 2015.

[11] 张亚辉 . 河南省幼儿园保育员队伍现状研究 [D]. 开封 : 河南大学 , 2011.

[12] 何婷婷 . 县域学前教育资源配置的公平研究 [D]. 武汉 : 华中师范大学 , 2013.

[13] 张赛园 . 县域幼儿教育资源合理化配置的研究——以浙江省 A 县为例 [D]. 上海 : 华东师范大学 , 2008.

[14] 王振存 . 文化视域下城乡教育公平研究 [D]. 开封 : 河南大学 , 2011.

[15] 孙绪华 . 江苏省学前教育资源配置失衡现状及对策研究 [D]. 南京 : 南京师范大学 , 2013.

四、其他文献类

[1] 国家中长期教育改革和发展规划纲要工作小组办公室 . 国家中长期教育改革和发展规划纲要 (2010—2020 年) [EB/OL].(2010–07–27)[2021–01–21]. http://www.moe.gov.cn/secsite/A01/s7048/201007/t20100729_171904.html.

[2] 新华社 . 政府工作报告（全文）[EB/OL]. (2015–03–16)[2021–01–21]. http: //www.gov.cn/guowuyuan/2015–03/16/content_2835101.htm.

[3] 王海英 . 提高公办园比例势在必行 [N]. 中国教育报 , 2014–07–13(20).

[4] 华夏时报 . "二胎潮"下教育部聚焦学前教育 , 2018 年全国普惠性幼儿园增速超 11% [EB/OL].(2019–02–26)[2021–01–21]. http: //baijiahao.baidu.com/s?id=1626505964186242970&wfr=spider&for=pc.

[5] Headstart [EB/OL]. (2016–04–02)[2021–01–21]. http: //iecam.illinois.edu /about/ece–information/ Headstart html.

[6] Lynch K E.The child care and development block grant: bankground and funding[R]. Congressional Research Service RePort for Congress, 2010.

[7] APPropriation (NO.2)Act 2007[DB/OL].http: //www.opsi.gov.uk/acts2007/pdf/ukpga_20070010_en.pdf.

[8] White House Fact Sheet(1998).President clinton announces child care initiative [EB/OL]. (2016–04–04)[2021–01–21]. http: //archive.hhs.gov/news/press/1998pres/980107.html.

[9] Early childhood[EB/OL]. (2016–04–02)[2021–01–21]. http: //georgewbush–whitehouse.archives. gov/infocus/ear1y childhood/sect3.html.

[10] OECD(2005).Education at a glance 2005: OECD indicators[R]. Paris:OECD, 2005.

[11] HM Treasury(2004).Choice for parents，the best start for children: a ten year strategy for childcare[DB/OL]. https: //dera.ioe.ac.uk/5274/2/02_12_04__pbr04childcare_480-1.pdf.

[12] Sure Stsrt.A code of practice on the provision of free nursery education places for three and four-year-olds[DB/OL].https: //www.cheshirewestandchester.gov.uk/documents/education-and-learning/early-years-and-childcare/three-and-four-year-olds/parent-contract-guidance-notes.pdf.

[13] Improving head start act of 2007[DB/OL].https: //www.cde.ca.gov/sp/cd/ce/documents/headstartact2007.pdf.

[14] How wic helps[EB/OL]. (2016-11-23)[2021-01-21]. https: //www.fns.usda.gov/wic/about-wic-how-wic-helps.

[15] The children's plan: building brighter futures[DB/OL]. https: //lx.iriss.org.uk/sites/default/files/resources/The_Childrens_Plan.pdf.

[16] Sure-start-maternity-grant [EB/OL]. (2016-04-02)[2021-01-21]. https: //www.gov.uk/sure-start-maternity-grant.

[17] 中华人民共和国教育部 . 幼儿园工作规程 [EB/OL].(2016-01-05)[2021-01-21]. http://www.moe.gov.cn/srcsite/A02/s5911/moe_621/201602/t20160229_231184. html.

[18] 国务院 . 中国儿童发展纲要（2011—2020 年）[Z]. 北京：人名出版社 , 2011.

[19] 中华人民共和国教育委员会 . 幼儿园管理条例 [EB/OL]. (1989-09-11)[2021-01-21]. http://www.moe.gov.cn/s78/A02/zfs__left/s5911/moe_620/tnull_3132.html.

[20] 中华人民共和国教育部 . 2009 年全国教育事业发展统计公报 [EB/OL]. (2010-08-03)[2021-01-21]. http: //www.gov.cn/gzdt/2010-08/03/content_1670245.htm.

[21] 中华人民共和国教育部 .2010 年全国教育事业发展统计公报 [EB/OL]. (2012-03-21)[2021-01-21]. http: //old.moe.gov.cn/publicfiles/business/htmlfiles/moe/moe_633/201203/xxgk_132634.html.

[22] 中华人民共和国教育部 . 2015 年全国教育事业发展统计公报 [EB/OL]. (2016-07-06)[2021-01-21]. http: //www.moe.gov.cn/srcsite/A03/s180/moe_633/201607/t20160706_270976.html.

[23] 中华人民共和国教育部 . 2019 年全国教育事业发展统计公报 [EB/OL]. (2020–05–20)[2021–01–21]. http: //www.gov.cn/xinwen/2020–05/20/content_5513250.htm.

[24] 国务院 . 国务院关于当前发展学前教育的若干意见 [EB/OL]. (2010–11–21) [2021–01–21].http://www.gov.cn/zhengce/content/2010–11/24/content_5421.htm.

[25] 教育部，中央编办，国家纪委，等 . 关于幼儿教育改革与发展的指导意见 [EB/OL]. (2003–01–27)[2021–01–21]. http://www.moe.gov.cn/s78/A06/jcys_left/moe_705/ s3327/201001/t20100128_81996.html.

[26] 中国教育报 . 重庆江北协同监管学前教育 [EB/OL]. (2018–04–08)[2021–01–21]. http: //news.sina.com.cn/o/2018–04–08/doc–ifyteqtq5810753.shtml.

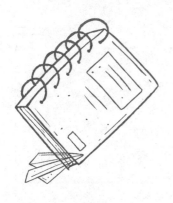

附录

附录1：C市学前教育资源配置情况调查表

县（市、区）　　　街道、乡（镇）、村　　　　　　　年　月　日

<table>
<tr><td rowspan="7">基本情况</td><td colspan="2">幼儿园共计（所）</td><td></td><td colspan="2">公办园数量（所）</td><td></td><td colspan="2">民办园数量（所）</td><td></td></tr>
<tr><td colspan="2">省（市）级
示范园（所）</td><td></td><td>一级园
（所）</td><td>二级园
（所）</td><td></td><td colspan="2">民办普惠性幼儿园
（所）</td><td></td></tr>
<tr><td colspan="2">公办园幼儿
在园人数（人）</td><td>学前班
（人）</td><td>大班
（人）</td><td>中班
（人）</td><td></td><td>小班
（人）</td><td>托班
（人）</td><td></td></tr>
<tr><td colspan="2"></td><td></td><td></td><td></td><td></td><td></td><td></td><td></td></tr>
<tr><td colspan="2">民办园幼儿
在园人数（人）</td><td>学前班
（人）</td><td>大班
（人）</td><td>中班
（人）</td><td></td><td>小班
（人）</td><td colspan="2">托班（人）</td></tr>
<tr><td colspan="2"></td><td></td><td></td><td></td><td></td><td></td><td colspan="2"></td></tr>
</table>

<table>
<tr><td rowspan="5">办园经费</td><td colspan="2">2019年</td><td colspan="2">公办园学费情况
（元/每人·每学期）</td><td>民办普惠园学费情
况
（元/每人·每学期）</td></tr>
<tr><td>市政府投入</td><td></td><td colspan="2">省级示范园</td><td>省级示范园</td></tr>
<tr><td>乡/镇政府投入</td><td></td><td colspan="2">市级示范园</td><td>市级示范园</td></tr>
<tr><td>学杂费</td><td></td><td colspan="2">一级一类园</td><td>一级一类园</td></tr>
<tr><td>贷款</td><td></td><td colspan="2">一级二类园</td><td>一级二类园</td></tr>
</table>

续　表

办园条件	园舍建筑面积		园舍占地面积	
	活动室面积		运动场面积	
	睡眠室面积		绿化用地面积	
	保健室面积		图书（册）	
	教师办公室面积		数字资源（GB）	

师资情况	园长人数		保育员人数		
	教职工总人数		保健医人数		
	专任教师总人数		专任教师幼师专业毕业人数		
	有编制教师总人数		专任教师中大专以上人数		
	专任教师年龄结构情况（人）				
	25岁以下	25～34岁	35～44岁	45～54岁	55岁以上
	专任教师职称分布情况（人）				
	正高级	副高级	中级	助理级	员级	未定级

附录2：C市幼儿园教师调查问卷

尊敬的老师：

您好！为协助政府和有关部门进一步明确今后学前教育工作的重点，制定有效的措施，促进城乡学前教育事业均衡发展，本项目将深入调查学前教育资源配置，了解现实情况，取得事实数据。为此，请仔细阅读各部分的填写要求，真实回答每一道题。本问卷结果只用于研究，个人资料将严格保密。

谢谢您的合作与支持！

第一部分

（1）您的性别（　　）

A. 男　　B. 女

（2）您的年龄（　　）

A.25 岁及以下　　B.25 ～ 29 岁　　C.30 ～ 34 岁

D.35 ～ 39 岁　　E.40 ～ 44 岁　　F.45 ～ 49 岁

G.50 ～ 54 岁　　H.55 ～ 59 岁　　I.60 岁及以上

（3）您所在的幼儿园位置（　　）

A. 城市　　B. 乡镇　　C. 农村

（4）贵园的类别（　　）

A. 省级示范园　　B. 市级示范园　　C. 一级一类园

D. 一级二类园　　E. 达标园

（5）您是通过哪种途径进入该幼儿园工作的（　　）

A. 招聘考核　　B. 小学合并后的剩余教师　　C. 转岗教师

D. 因该园缺乏师资被委托　　E 其他（请注明）

（6）您是否拥有教师资格证（　　）

A. 有　　B. 无

（7）您是否拥有编制（　　）

A. 有　　B. 无

（8）您在幼儿园的工作年限（　　）

A.3 年以下　　B.3 ～ 5 年　　C.6 ～ 8 年

D.9 ～ 10 年　　E.10 年以上

（9）您的工资收入（　　）

A.1 000 元以下　　B.1 000 ～ 1 500 元　　C. 1 500 ～ 2 000 元

D.2 000 ～ 2 500 元　　E.2 500 以上

第二部分

（1）您所带的班级为（　　）

A. 小班　　B. 中班　　C. 大班　　D. 学前班　　E. 混龄班

（2）您所带的班级共有（　　）名幼儿

A.20 ～ 25　　B.26 ～ 30　　C.31 ～ 35　　D.36 ～ 40　　E.41 以上

（3）您所带的班级教师配备能达到两教一保（　）

A.非常符合　B.比较符合　C.一般　D.比较不符合　E.非常不符合

（4）本班人均教室占地面积（　）

A.非常充足　B.比较充足　C.一般　D.比较不足　E.非常不足

（5）寝室人均占地面积（　）

A.非常充足　B.比较充足　C.一般　D.比较不足　E.非常不足

（6）本班人均图书数量（不包含教材）（　）

A.4～5 册　B.3～4 册　C.2～3 册　D.1～2 册　E.0～1 册

（7）本班挂图数量有 10 套或以上（　）

A.非常符合　B.比较符合　C.一般　D.比较不符合　E.非常不符合

（8）本班有幻灯机或一体机（　）

A.非常符合　B.比较符合　C.一般　D.比较不符合　E.非常不符合

（9）本班级区角数量为（　）

A.5 个及以上　B.4 个　C.3 个　D.2 个　E.1 个

（10）本班区角投放材料情况（　）

A.非常充足　B.比较充足　C.一般　D.比较不足　E.非常不足

（11）您所在园有沙水池（　）

A.非常符合　B.比较符合　C.一般　D.比较不符合　E.非常不符合

第三部分

（1）您的学历（　）

A.高中阶段以下　B.高中　C.专科　D.本科　E.研究生

（2）您是否为学前教育专业（　）

A.是　　B.否

（3）您的职称（　）

A.正高级　　B.副高级　　C.中级

D.助理级　　E.员级　　　F.未定级

（4）您每天业余时间的阅读（　）

A.非常充足　B.比较充足　C.一般　D.比较不足　E.非常不足

（5）本园组织教师培训的机会（　）

A.非常充足　B.比较充足　C.一般　D.比较不足　E.非常不足

（6）您参加区级以上的培训机会（　　）

A.非常充足　B.比较充足　C.一般　D.比较不足　E.非常不足

（7）您近阶段参加培训的情况（可多选）（　　）

A.教育理论　　　　　B.教学实践教研　　　　C.园本课程培训

D.学前教育改革前沿　E.基本功培训（弹、唱、跳、画）

F.家园合作　　　　　G.团队管理　　　　　　H.消防安全

I.工作制度　　　　　J.其他

（8）您的获奖或发表文章（　　）

A.非常充足　B.比较充足　C.一般　D.比较不足　E.非常不足

（9）您经常跟骨干教师交流学习（　　）

A.非常符合　B.比较符合　C.一般　D.比较不符合　E.非常不符合

（10）您经常参加园际交流活动（　　）

A.非常符合　B.比较符合　C.一般　D.比较不符合　E.非常不符合

第四部分

（1）您认为当前工作条件（　　）

A.非常好　B.比较好　C.一般　D.比较不好　E.非常不好

（2）您认为当前收入状况（　　）

A.非常好　B.比较好　C.一般　D.比较不好　E.非常不好

（3）您认为目前城乡幼儿园之间发展差距如何（　　）

A.没有差距　　　B.有点差距　　C.存在差距，但在合理范围之内

D.有较大差距　　E.差距已经很大

（4）您认为当地政府对学前教育的态度如何（　　）

A.非常重视　B.比较重视　C.一般　D.不重视　E.非常不重视

（5）您认为城乡学前教育难以均衡发展的主要问题来自（可多选）（　　）

A.政府投入不足　　　B.制度保障不力　　C.家长盲目攀比追求

D.幼儿园自身因素　　E.社会资源有限

（6）您认为教师队伍不稳定的主要原因是（可多选）（　　）

A.待遇偏低　　　B.编制问题　　　C.发展前景不大

D.教师的主观意识　　E.其他

（7）您认为当地学前教育师资存在的主要问题是（可多选）（　　）

A.编制不足　B.数量不够　C.专业素质不高　D.学历偏低　E.其他

（8）如果让您自主选择园际间岗位流动的时间，您愿意（ ）

A.1 年以下　　B.1 ～ 2 年　　C.2 ～ 3 年　　D.3 ～ 4 年　　E.5 年以上

（9）请将影响您参加园际岗位流动的原因进行排序（按照从重要到不重要的原因排序）（ ）

A. 福利待遇　　B. 教师编制　　C. 照顾子女　　　　D. 政策要求

E. 晋升要求　　F. 管理体制　　G. 个人理想　　　　H. 幼儿园等级

I. 幼儿园性质　　J. 流动时间　　K. 幼儿园所在地　　L. 流动距离

M. 其他（请注明）

（10）您对城乡学前教育资源配置不均衡问题有什么意见或建议？

附录 3：C 市幼儿园园长调查问卷

尊敬的园长：

您好！为协助政府和有关部门进一步明确今后学前教育工作的重点，制定有效的措施，促进城乡学前教育事业均衡发展，本项目将深入调查学前教育资源配置，了解现实情况，取得事实数据。为此，请仔细阅读各部分的填写要求，真实回答每一道题。本问卷结果只用于研究，个人资料将严格保密。

谢谢您的合作与支持！

第一部分

（1）您的性别（ ）

A. 男　　B. 女

（2）您的年龄（ ）

A.25 岁以下　B.25 ～ 34 岁　C.35 ～ 44 岁　D.45 ～ 54 岁　E.55 岁及以上

（3）您的学历（ ）

A. 高中阶段以下　　B. 高中　　C. 专科　　D. 本科　　E. 研究生

（4）您是否毕业于学前教育专业（ ）

 A.是   B.否

（5）贵幼儿园的位置（ ）

 A.城市   B.乡镇   C.农村

（6）本幼儿园的性质（ ）

 A.公办园   B.民办园

（7）若本幼儿园的性质为公办园，本园属于（ ）

 A.教育部门办园   B.其他部门办园

（8）若本幼儿园的性质为民办园，本园属于（ ）

 A.营利性幼儿园   B.普惠性幼儿园

（9）本园的类别（ ）

 A.省 / 市级示范园   B.一级园   C.二级园   D.三级园   E.注册达标园

（10）本园的编班形式（ ）

 A.按年龄   B.混龄   C.其他

（11）您自担任园长以来，是否主持或参与过市级以上的科研课题（ ）

 A.是   B.否

第二部分

（1）本园的经费来源渠道（可多选）（ ）

 A.政府财政全额拨款   B.政府财政差额拨款   C.学费

 D.社会捐赠   E.贷款   F.其他（请注明）

（2）政府自 2017—2019 每年在本园投入的经费约多少？

2017 年（ ）万元，2018 年（ ）万元，2019 年（ ）万元。

（3）本园幼儿学费情况：（ ）元 / 每人·每学期。

（4）本园是否为教师进修培训提供费用（ ）

 A.是   B.否

（5）本园每年财政上的经费（ ）

 A.非常充足   B.比较充足   C.一般   D.比较不足   E.非常不足

（6）本园幼儿生均活动室面积情况（ ）

 A.非常充足   B.比较充足   C.一般   D.比较不足   E.非常不足

（7）本幼儿园生均绿化面积情况（ ）

 A.非常充足   B.比较充足   C.一般   D.比较不足   E.非常不足

（8）本幼儿园玩教具设备情况（　）

A．非常充足　B．比较充足　　C．一般　　D．比较不足　　E．非常不足

（9）本园教师办公的面积情况（　）

A．非常充足　B．比较充足　　C．一般　　D．比较不足　　E．非常不足

（10）本园的教职工人数（　）

A．非常充足　B．比较充足　　C．一般　　D．比较不足　　E．非常不足

（11）本园有事业编制的专任教师占总体专任教师人数的比例（　）

A．非常大　　B．比较大　　C．一般　　D．比较小　　E．非常小

（12）您认为本园幼儿教师参加培训的机会（　）

A．非常多　　B．比较多　　C．一般　　D．比较少　　E．非常少

第三部分

（1）您认为当地政府对学前教育的重视态度为（　）

A．非常重视　B．比较重视　　C．一般　　　D．比较不重视　　E．不重视

（2）第一轮学前教育三年计划，您认为对当地学前教育的发展影响（　）

A．非常大　　B．比较大　　C．一般　　D．比较小　　　E．没有影响

（3）您认为目前城乡幼儿园之间发展差距如何（　）

A．没有差距　　B．有点差距　　C．存在差距，但在合理范围之内

D．有较大差距　　E．差距已经很大

（4）您认为城乡学前教育难以均衡发展的主要问题来自（可多选）（　）

A．政府投入不足　　B．制度保障不力　C．家长盲目攀比追求

D．幼儿园自身因素　E．社会资源有限

（5）您认为本幼儿园教职工的数量能够满足正常的教学和保育工作（　）

A．非常充足　B．比较充足　　C．刚好合适　　D．比较缺乏　　E．非常缺乏

（6）本幼儿园专任教师流动性情况如何（　）

A．非常大　　B．比较大　　C．一般　　　D．比较稳定　　E．很稳定

（7）您对城乡间、园际间幼儿教师合作交流与岗位流动制度的态度是（　）

A．非常赞成　B．比较赞成　C．一般　　　D．比较反对　　D．非常反对

若不赞成，请注明原因。

（8）请您选出影响教师队伍不稳定的最重要的三个原因并排序（　）

A.待遇偏低　　B.编制问题　　C.发展前景不大　　D.教师的主观意识

E.家庭原因　　F.同事关系　　G.幼儿园性质　　H.家园关系

I.其他

（9）您认为 C 市学前教育城乡资源配置不均衡的问题主要表现在哪些方面？

（10）您认为如何才能缓解学前教育城乡资源配置不均衡的问题？

附录 4：访谈提纲

教育局基础教育科：

（1）C 市针对学前教育设立的机构、人员结构是怎样的？关于学前教育学校的审批、督导、管理等工作是如何进行的？与其他各部门是怎么协调、运作的？

（2）政府每年对学前教育的投入经费是如何分配的？城区、乡镇以及公办园和民办园之间有什么差别？您认为政府的学前教育经费在公办园与民办园以及城乡之间应如何分配比较合适？

（3）C 市城乡、公办园和民办园的办学条件（占地面积、运动场地、设施等）差别有多大？产生这些差异的原因主要是什么？

（4）C 市城乡从事学前教育的师资队伍的情况（教师的学历、编制、职称评定、工资待遇、培训等方面）如何？存在什么问题？如何改善？

（5）政府在促进城乡学前教育资源配置公平性上应承担什么责任？目前政府做得如何？

园长：

（1）贵园的经费来源包括哪些？各部分比例如何？您认为这样合理吗？

（2）贵园的收费标准如何？依据是什么？

（3）政府财政对贵幼儿园的投入及其自筹经费的比重，以及其运营成本费用状况如何？

（4）您认为本园的办学条件（占地、活动场地、游乐设备等）配备如何？与其他幼儿园相比，优势和不足在哪里？

（5）贵园的师资、保教质量等方面怎么样？资源是否充足？流动性如何？与其他幼儿园（或其他类型）相比，有什么优势和不足？

（6）贵园在办园的过程中面临的主要困难是什么？希望得到什么支持？

（7）您认为政府在促进本县（区）学前教育资源配置公平性发展方面应该发挥哪些功能与作用？

幼儿教师：

（1）您对所在幼儿园自身工作量、工资待遇、教学培训等持怎样的态度？

（2）您对所在幼儿园如何改善办学条件、完善师资队伍有什么建议？

（3）您认为所在幼儿园教师质量与其他幼儿园的差距怎样？希望在均衡配置师资方面采取哪些措施？

（4）您认为所在幼儿园发展存在什么问题？如何解决？